中等职业教育汽车专业理实一体化系列教材

汽车底盘构造与维修

（彩色版）

主　编　李传杰　开百军　耿琪
副主编　胡英慧　张丽莹　吕洛夫　韩成义

机械工业出版社

本书基于汽车维修行业相关岗位需求，以中职院校汽车运用与维修专业教学标准为依据，参考"1+X"技能等级证书鉴定标准组织教材内容，采用"工学结合、理实一体"的原则进行教学任务设计，以学生为主体，充分考虑学生的认知能力，并在教材内容中融入了"课程思政"，实现了课程思政与技能培养的有机融合。本书主要内容包括认识汽车底盘、传动系统的构造与维修、行驶系统的构造与维修、转向系统的构造与维修、制动系统的构造与维修。

本书配有丰富的多媒体资源，包括课件、动画与微课视频、实训工作页，方便学习和使用。

本书可作为中等职业学校、技师学院等汽车专业教材，也可以供汽车维修技工学习参考或作为培训教材使用。

图书在版编目（CIP）数据

汽车底盘构造与维修：彩色版 / 李传杰，开百军，耿琪主编. — 北京：机械工业出版社，2023.12（2025.7重印）

中等职业教育汽车专业理实一体化系列教材

ISBN 978-7-111-74397-2

Ⅰ.①汽⋯ Ⅱ.①李⋯ ②开⋯ ③耿⋯ Ⅲ.①汽车–底盘–结构–中等专业学校–教材 ②汽车–底盘–车辆修理–中等专业学校–教材 Ⅳ.①U472.41

中国国家版本馆CIP数据核字（2023）第236118号

机械工业出版社（北京市百万庄大街22号　邮政编码100037）
策划编辑：齐福江　　　　　责任编辑：齐福江　丁　锋
责任校对：杜丹丹　牟丽英　封面设计：陈　沛
责任印制：李　昂
北京中科印刷有限公司印刷
2025年7月第1版第2次印刷
184mm×260mm・12印张・192千字
标准书号：ISBN 978-7-111-74397-2
定价：55.00元

电话服务　　　　　　　　网络服务
客服电话：010-88361066　机　工　官　网：www.cmpbook.com
　　　　　010-88379833　机　工　官　博：weibo.com/cmp1952
　　　　　010-68326294　金　书　网：www.golden-book.com
封底无防伪标均为盗版　　机工教育服务网：www.cmpedu.com

FOREWORD
前 言

近年来，我国汽车销售量保持较高增速。作为中国支柱产业之一的汽车行业，拥有庞大的市场规模，以及庞大的消费群体，行业发展稳步向前。目前，我国各大汽车企业正处于技术引进、自主创新的重要阶段，掌握核心技术是提高企业核心竞争力，乃至国家整体实力的重要手段。与之相适应，企业对于具备高技能和拥有良好职业素养的人才需求也日益增多。作为培养技能人才的职业院校，理应冲锋在前，将行业发展趋势、创新技术、职业规范和道德准则等传递给广大的学生和社会人士。为此，我们整合专家资源，组织一线教师进行研究后精心编制了这本《汽车底盘构造与维修》。

本书内容包括认识汽车底盘、传动系统的构造与维修、行驶系统的构造与维修、转向系统的构造与维修、制动系统的构造与维修，共计5个项目15个学习任务。

本书具有以下特色：

1. 校企合作开发

本书采用校企合作开发模式，校方着力构建理论知识部分，企业提供与专业相关的技术支持，包括提供针对课程的数字化资源专业制作服务，协同校方完善数字化资源品类，提升教材资源质量等。

2. "工学一体"编写

本书坚持"工学一体"的编写原则，引入企业真实情境，理论与实操有机融合，逐步引领学习者"做中学，学中做"。

3. 融入课程思政

本书通过"学习目标""课程育人"以及穿插的思考题等方式多维度体现课程思政，一方面帮助教师提炼思政要点，另一方面引导学生通过目标、案例、问题进行积极、深度的思考，以实现课程思政两大主体的有机融合，引发双向共鸣。

4. 打造立体化教材

除配备基本的课件、工作页和题库外，本书还针对重要知识点开发了相应的数字资源，包括动画、微课、视频等，以二维码的形式植入教材中。依托立体化教材，教师可轻松实现课堂翻转，学生可通过形象、生动的资源在轻松、愉悦的氛围中理解并掌握知识。

本书由哈尔滨市第二职业中学校李传杰、开百军、耿琪任主编；哈尔滨市第二职业中学校胡英慧、张丽莹、吕洛夫、韩成义任副主编；哈尔滨市第二职业中学校杨彦广、林立权、王辉、丁世臣、贾学志、许强、马彦军、王智韬、靳由，牡丹江市职业教育中心学校解本江，齐齐哈尔市职业教育中心学校孙奇，黑龙江农垦工业学校田文涛参与编写。本书在编写的过程中，得到了上海景格科技股份有限公司的大力支持，在此表示感谢。

本书为中职院校汽车运用与维修技术等专业的教学用书，也可作为企业技术人员的培训教材，汽车维修人员和汽车技术爱好者亦可用于自学。

由于编者的水平有限，书中难免存在一些疏漏和不足，恳请读者提出宝贵意见，以便在修订时改正和完善。

编　者

二维码清单

名称	二维码	页码	名称	二维码	页码
汽车传动系统基础认知		009	认识汽车行驶系统		078
离合器拆装与检查		016	认识车架和车桥		080
认识手动变速器		024	四轮定位		086
认识自动变速器		039	认识车轮和轮胎		091
差速器拆装		072	认识悬架系统		106
差速器的检查与调整		074	悬架系统维护		115

（续）

名称	二维码	页码	名称	二维码	页码
认识汽车转向系统		119	认识鼓式制动器		157
认识转向器与转向操纵机构		122	认识盘式制动器		160
认识转向传动机构		126	盘式制动器的拆装		162
认识转向助力装置		137	认识驻车制动系统		166
认识汽车制动系统		154	防抱死制动系统		173

CONTENTS
目 录

前言
二维码清单

项目一　认识汽车底盘 ... 001
　　学习任务　底盘的基本组成与功用 ... 002

项目二　传动系统的构造与维修 ... 009
　　学习任务一　离合器的结构与维修 ... 010
　　学习任务二　手动变速器的结构与维修 ... 022
　　学习任务三　自动变速器的结构与维修 ... 038
　　学习任务四　万向传动装置的结构与维修 ... 052
　　学习任务五　驱动桥的结构与维修 ... 064

项目三　行驶系统的构造与维修 ... 078
　　学习任务一　车架和车桥的结构与维修 ... 079
　　学习任务二　车轮和轮胎的结构与维修 ... 090
　　学习任务三　悬架的结构与维修 ... 105

项目四　转向系统的构造与维修 ... 119
　　学习任务一　机械转向系统的结构与维修 ... 120
　　学习任务二　液压助力转向系统的结构与维修 ... 136
　　学习任务三　电动助力转向系统的结构与维修 ... 146

项目五　制动系统的构造与维修 154

　　学习任务一　行车制动系统的结构与维修 155
　　学习任务二　驻车制动系统的结构与维修 165
　　学习任务三　防抱死制动系统的结构与维修 172

项目一 认识汽车底盘

汽车底盘是汽车的重要组成部分之一，是汽车装配的基础。底盘性能的好坏直接影响汽车的舒适性、操控性和驾驶稳定性，并在一定程度上影响汽车的安全性，从而影响到车辆的正常使用。汽车底盘主要由传动系统、行驶系统、转向系统和制动系统组成。

汽车底盘

学习目标

知识目标

1. 能够说出汽车底盘的基本组成。
2. 能够说出汽车底盘各组成部分的功用。
3. 能够说出汽车底盘的总体布置形式。

技能目标

1. 能够通过观察实车，指出汽车底盘各总成部件的名称。
2. 能够通过观察实车，判断出其底盘的布置形式。

素养目标

1. 培养良好的职业道德和工匠精神。
2. 培养安全意识和团队协作精神。
3. 培养自我管理和自主学习能力。

学习任务　底盘的基本组成与功用

📝 情景导入

客户贾先生驾驶一辆 2018 款别克威朗轿车，汽车直线行驶时，转向盘自动偏向一边行驶，必须时常修正方向才能保持直线行驶。4S 店维修技师路试检查后，初步怀疑是车辆底盘部件出现损坏以及四轮定位参数不正确导致的。为了确定故障原因，需对汽车底盘行驶系统做进一步检测。作为汽车维修技师，请仔细查看服务顾问提供的接车问诊表，并针对故障进行后续处理。

接车问诊表

车牌号：黑 A***** 车架号：LSGBC****JG123456　行驶里程：70000（km）	
用户名：贾** 电话：150****2112　来店时间：2022.9.1	
用户陈述及故障发生时的状况：汽车直线行驶时，转向盘自动偏向一边行驶，必须时常修正方向才能保持直线行驶	
接车员检测确认建议：检查汽车底盘行驶系统	
车间检测确认结果及主要故障零部件：	
车间检查确认者：	

外观确认： 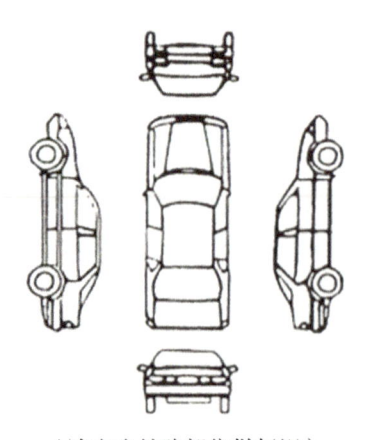	功能确认：（工作正常√　不正常×） ☑音响系统　☑门锁（防盗器）　☑全车灯光 ☑工具　☑后视镜　☑天窗　☑座椅 ☑点烟器　☑玻璃升降器　☑玻璃
（车辆外观示意图） （请在有缺陷部位做标识）	物品确认：（有√　无×） 贵重物品提示 ☑工具　☑备胎 ☑灭火器　☑其他（　　） 旧件是否交还用户 ☑是　□否 用户是否需要洗车 ☑是　□否

- 检测费说明：本次检测的故障，如用户在本店维修，检测费包含在修理费用内；如用户不在本店维修，请您支付检测费。本次检测费：×××元。
- 贵重物品：在将车辆交给我店检查修理前，已提示将车内贵重物品自行收起并保存好，如有遗失恕不负责。

接车员：王**　用户确认：贾**

一、汽车底盘的功用及组成

汽车底盘的功用是传递发动机产生的动力,并支撑车辆,使汽车产生运动并实现制动和转向,保证汽车能够按照驾驶人的操纵意愿行驶。汽车底盘主要由传动系统、行驶系统、转向系统和制动系统组成,如图1-1-1所示。

图1-1-1 汽车底盘的组成

1. 传动系统

汽车传动系统是指从发动机到驱动车轮之间所有动力传递装置的总称,其功用是将发动机的动力传给驱动车轮。传动系统一般由离合器、变速器、万向传动装置(包括万向节、传动轴等)、驱动桥(包括主减速器、差速器、半轴、驱动桥壳等)等组成。不同类型的汽车,其传动系统的组成稍有不同,如自动档汽车用自动变速器取代了离合器和手动变速器,越野汽车(包括SUV,即运动型多功能车等)还包括分动器等。

2. 行驶系统

汽车行驶系统的功用是支撑、安装汽车的各零部件总成,传递和承受车上、车下各种载荷,缓和冲击,减少振动,以保证汽车的平稳行驶。行驶系统主要由车架(车身)、车桥、悬架、车轮等组成。

3. 转向系统

汽车转向系统的功用是保证汽车能够按照驾驶人选定的方向行驶。转向系统主要由转向操纵机构(包括转向盘、转向轴等)、转向器和转向传动机构(包括转向横拉杆、转向节臂、转向节、转向轮等)等组成,如图1-1-2所示。现在的汽车普遍采用动力转向装置。

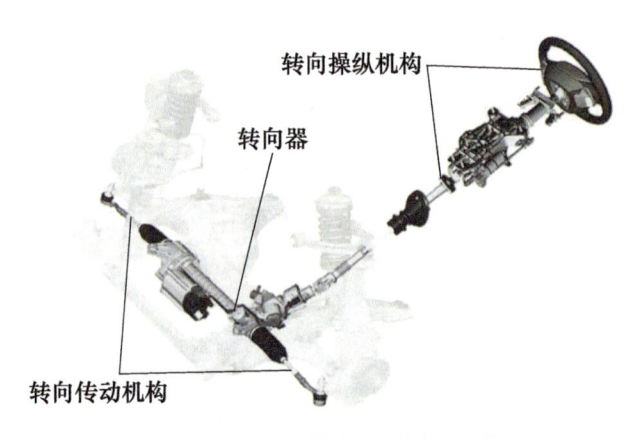

图 1-1-2　转向系统的组成

4. 制动系统

汽车制动系统的功用是使汽车减速、停车并可靠地驻停。汽车制动系统一般包括行车制动系统和驻车制动系统两套相互独立的制动系统，每套制动系统都包括制动器和制动传动机构。

现代汽车的行车制动系统都普遍装有防抱死制动系统（ABS）和驱动防滑控制系统（ASR）。ABS 的作用是不论车辆在任何情况下制动时，即使在光滑路面，也能保持车轮不抱死，以保持车辆的最大制动力，并使车辆的方向保持稳定。ASR 的作用是在车辆起步加速时，控制驱动轮不打滑，以保持最大的驱动力及方向稳定性。制动系统基本组成如图 1-1-3 所示。

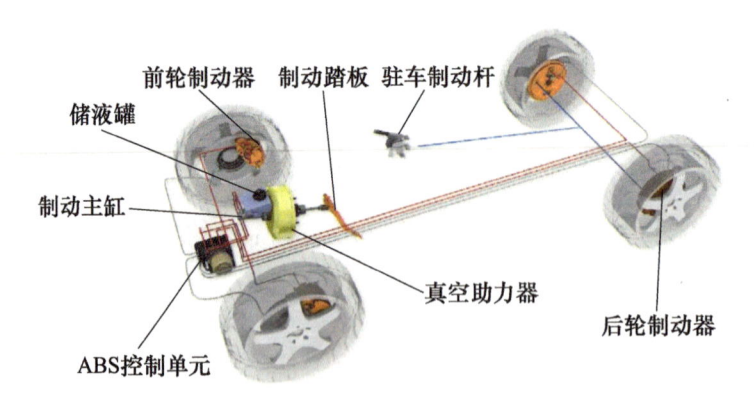

图 1-1-3　制动系统的组成

二、汽车底盘的总体布置形式

汽车底盘的总体布置形式与发动机的位置及汽车的驱动方式有关，就目前常见的汽车而言，汽车底盘的总体布置形式可分为 5 种，即发动机前置后轮驱动（简称前置后驱，FR）、发动机前置前轮驱动（简称前置前驱，FF）、发动机后置后轮驱动（简称后置后驱，RR）、发动机中置后轮驱动（简称中置后驱，MR）以及发动机前置全轮驱动（简称前置全驱，也称四轮驱动，4WD）。

1. 前置后驱（FR）

发动机前置后轮驱动如图 1-1-4 所示。这种布置形式通常将发动机、离合器、变速器各总成连成一体，安装于汽车前部；主减速器、差速器安装于后桥中部，构成后驱动桥；在变速器与后驱动桥之间用万向传动装置进行连接。动力经过离合器、变速器、万向传动装置、后驱动桥，最后传到后驱动轮，使汽车行驶。发动机前置后轮驱动是一种传统的布置形式，大多数的货车、部分轿车和部分客车都采用这种形式，应用较广泛。

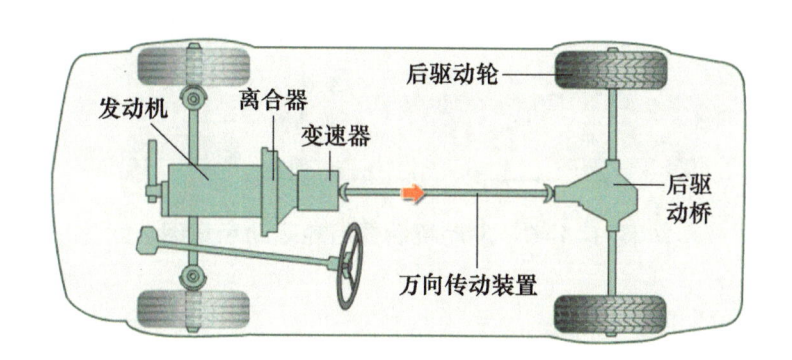

图 1-1-4　发动机前置后轮驱动示意图

2. 前置前驱（FF）

发动机前置前轮驱动如图 1-1-5 所示。发动机布置在汽车前部，动力经过

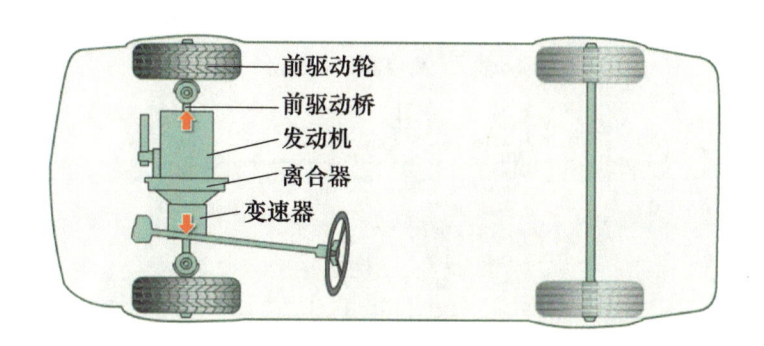

图 1-1-5　发动机前置前轮驱动示意图

离合器、变速器、前驱动桥,最后传到前驱动轮。这种布置形式在变速器与驱动桥之间省去了万向传动装置,使结构简单紧凑,整车重量小,高速时操纵稳定性好,大多数轿车采用这种布置形式。但这种布置形式的不足是爬坡性能差。

3. 后置后驱(RR)

发动机后置后轮驱动如图1-1-6所示。发动机布置在汽车后部,动力经过离合器、变速器、万向传动装置(图中未标出)、后驱动桥,最后传到后驱动轮,使汽车行驶。这种布置形式便于车身内部的布置,减小了室内发动机的噪声,一般用于大型客车。

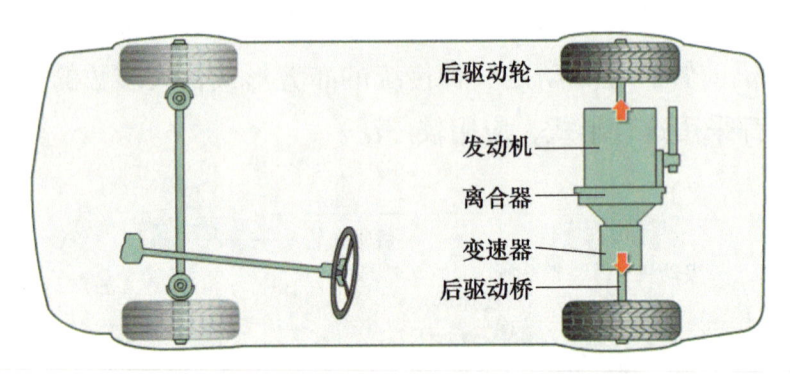

图1-1-6 发动机后置后轮驱动示意图

4. 中置后驱(MR)

发动机中置后轮驱动如图1-1-7所示。这种布置形式将发动机布置于驾驶室后面、汽车的中部,有利于实现前、后轴较为理想的轴荷分配,是赛车和部分大、中型客车采用的方案。客车采用这种方案布置时,能使车厢有效面积得到最高利用。

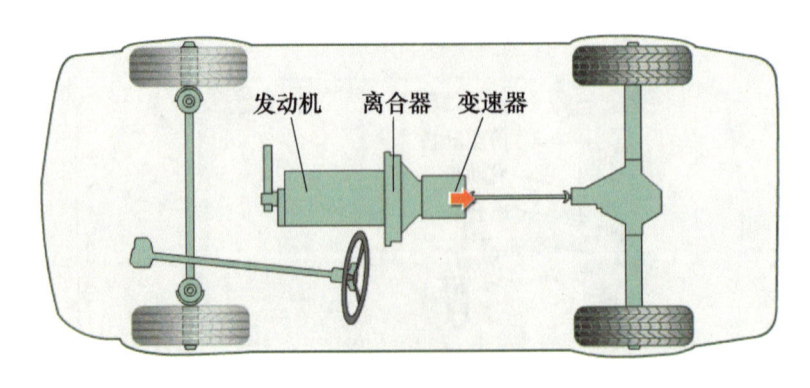

图1-1-7 发动机中置后轮驱动示意图

5. 前置全驱（4WD）

发动机前置全轮驱动如图 1-1-8 所示。发动机布置在汽车前部，动力经过离合器、变速器、分动器、万向传动装置分别到达前后驱动桥，最后传到前后驱动轮，使汽车行驶。这种布置形式由于所有的车轮都是驱动轮，提高了汽车的越野通过性能，因而被越野汽车广泛采用。

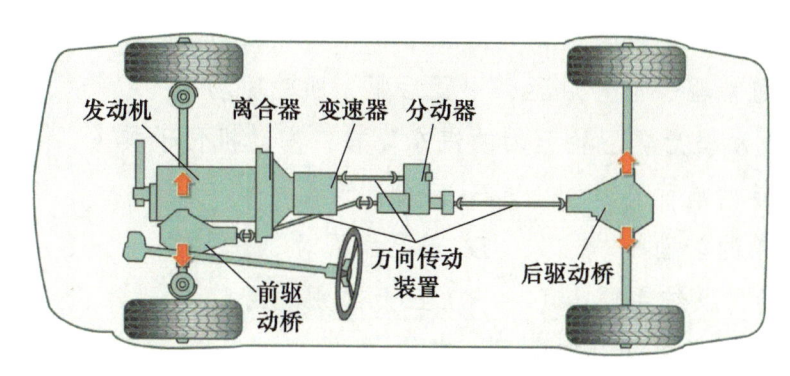

图 1-1-8　发动机前置全轮驱动示意图

📝 课程育人

随着汽车产业的电气化、智能化、网络化的发展，人们对车辆选择的要求也日益多样化，对智能化、轻量化及安全性、舒适性的关注也越来越高，这也对汽车底盘系统提出了新的要求和挑战。因此，车辆企业也需要更加贴近消费者的需求，着力提升汽车的综合性能。

汽车底盘系统技术影响着整车动力性能、安全性能、驾驶性能、舒适性能等，整车制造商对底盘系统的研发、设计、新材料应用、制造工艺及产品质量等提出更高的要求。为了促进中国汽车底盘系统产业的健康发展，提高技术创新能力，增强中国汽车品牌的国际影响力，上海世博展览馆于 2022 年 11 月举办了 AMEE2022 上海国际汽车底盘系统与制造工程技术展览会。

上海国际汽车底盘系统与制造工程技术展览会（简称 AMEE）创办于 2018 年，是全球汽车底盘工程技术领域的旗帜展览会，AMEE 为中国汽车底盘技术创新与持续发展搭建了高质量平台，促进了全球汽车制造商综合竞争力的提升，AMEE 已成为汽车底盘研发、技术、工艺、采购、质量和管理人员每年必参加的重要活动之一。

⚠️ **思考**　你还知道哪些行业内的技术交流盛会？

巩固提升

一、选择题

1. 汽车底盘的总体布置形式有（　　）。
   A. 前置前驱、前置后驱、中置后驱、后置后驱、前置全驱
   B. 前置前驱、前置后驱、后置后驱、前置全驱
   C. 前置前驱、前置后驱、后置后驱、四轮驱动
   D. 前置前驱、前置后驱、中置后驱、四轮驱动

2. 对于发动机后置后轮驱动的汽车而言，发动机位于其（　　）。
   A. 后轴的前面　　　　B. 后轴的后面
   C. 前轴的前面　　　　D. 以上都不对

3. 汽车转向系统主要由（　　）三大部分组成。
   A. 转向操纵机构、转向器、车轮
   B. 转向盘、转向器、转向传动机构
   C. 转向操纵机构、转向器、转向传动机构
   D. 转向操纵机构、转向盘、转向器

4. 发动机前置前轮驱动的英文缩写为（　　）。
   A. FF　　　B. RF　　　C. MR　　　D. RR

5. 下列说法不正确的是（　　）。
   A. 大多数的货车、部分轿车和部分客车采用前置后驱布置形式
   B. 大多数轿车采用前置前驱布置形式
   C. 大型客车一般采用后置后驱布置形式
   D. 越野汽车广泛采用前置前驱布置形式

二、判断题

1. 汽车底盘主要由传动系统、行驶系统、转向系统和制动系统四部分组成。（　　）
2. 对于发动机前置后驱的汽车，在变速器与驱动桥之间省去了万向传动装置，使结构简单紧凑，整车重量小。（　　）
3. 自动档汽车用自动变速器取代了离合器和手动变速器。（　　）
4. 转向系统是指从发动机到驱动车轮之间所有动力传递装置的总称。（　　）
5. 制动系统的功用是使汽车减速、停车并能保证可靠地驻停。（　　）

项目二 传动系统的构造与维修

汽车传动系统是汽车底盘的重要组成部分之一，位于发动机与驱动轮之间，可使发动机输出的动力特性适合用于各种工况，以保证汽车的正常行驶。

传动系统的组成部件因驱动形式和发动机安装位置的不同而有差异。典型的传动系统主要由离合器、变速器、万向传动装置（万向节和传动轴）和驱动桥（主减速器、差速器和半轴）等组成。

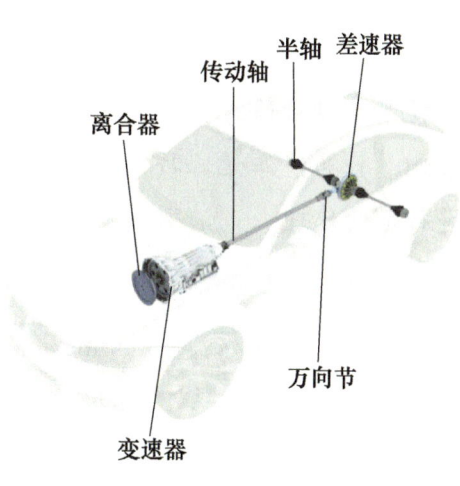

汽车传动系统

✎ 学习目标

知识目标

1. 能够说出传动系统的功用。
2. 能够说出传动系统的基本组成。

技能目标

1. 能够对离合器进行维修。
2. 能够对手动变速器进行维修。
3. 能够对电控液力自动变速器进行油液检查及性能试验。
4. 能够对万向传动装置进行维修。
5. 能够对驱动桥进行维修。

素养目标

1. 培养良好的职业道德和工匠精神。
2. 培养安全意识和团队协作精神。
3. 培养自我管理和自主学习能力。

汽车传动系统基础认知

学习任务一 离合器的结构与维修

📝 情景导入

客户贾先生驾驶一辆2018款别克威朗手动档轿车,在行驶中踩下加速踏板后,车速不能相应提高,存在动力不足的现象。4S店维修技师检测及路试检查后,初步怀疑故障是离合器打滑导致的,为了确定故障原因,需对离合器做进一步检测。作为汽车维修技师,请仔细查看服务顾问提供的接车问诊表,并针对故障进行后续处理。

接车问诊表

车牌号:黑A***** 车架号:LSGBC******123456 行驶里程:70000(km)	
用户名:贾** 电话:150****2112 来店时间:2022.9.1	
用户陈述及故障发生时的状况:踩下加速踏板,车速无提升,车辆动力不足	
接车员检测确认建议:检查汽车离合器	
车间检测确认结果及主要故障零部件:	
车间检查确认者:	

外观确认: 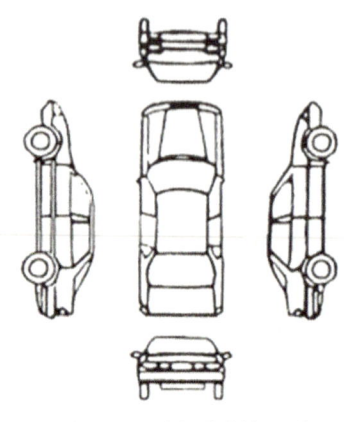	功能确认:(工作正常√ 不正常×) ☑音响系统 ☑门锁(防盗器) ☑全车灯光 ☑工具 ☑后视镜 ☑天窗 ☑座椅 ☑点烟器 ☑玻璃升降器 ☑玻璃
(请在有缺陷部位做标识)	物品确认:(有√ 无×) 贵重物品提示 ☑工具 ☑备胎 ☑灭火器 ☑其他( ) 旧件是否交还用户 ☑是 □否 用户是否需要洗车 ☑是 □否

- 检测费说明:本次检测的故障,如用户在本店维修,检测费包含在修理费用内;如用户不在本店维修,请您支付检测费。本次检测费:×××元。
- 贵重物品:在将车辆交给我店检查修理前,已提示将车内贵重物品自行收起并保存好,如有遗失恕不负责。

接车员:王** 用户确认:贾**

一、离合器的功用

离合器是汽车传动系统中的重要组成部件之一，位于发动机和变速器之间的飞轮壳内，是汽车传动系统中直接与发动机相连接的总成部件，如图2-1-1所示。离合器通过逐渐接合或暂时分离，可实现发动机和变速器之间的动力传递或切断，从而保证汽车平稳起步，减少换档冲击，并防止传动系统过载。

图 2-1-1　汽车离合器装置

二、离合器的类型

离合器的结构形式繁多，按传递转矩方式的不同可分为摩擦式、液力式和电磁式三类。

1. 摩擦式离合器

摩擦式离合器是目前应用最广泛的一种离合器，它是利用离合器的主、从动元件间的摩擦力来传递转矩的。根据不同的分类方式，其类型也各不相同。

（1）按从动盘的数目分类

根据从动盘数目的不同，摩擦式离合器可分为单片离合器和双片离合器。轿车、客车和部分中、小型货车多采用单片离合器，双片离合器多用于重型车辆上。

（2）按压紧弹簧的形式分类

根据压紧弹簧形式的不同，摩擦式离合器可分为周布弹簧离合器、中央弹簧离合器和膜片弹簧离合器。其中，周布弹簧离合器和中央弹簧离合器采用螺旋弹簧，分别沿压盘的圆周和中央布置；膜片弹簧离合器采用膜片弹簧，目前应用较广泛。

2. 液力式离合器

液力式离合器是利用离合器主、从动元件间的液体介质来传递转矩的，这种形式常用于轿车、大型公共汽车和载重汽车上。

3. 电磁式离合器

电磁式离合器是利用离合器主、从动元件间的电磁力作用来传递转矩的，汽车空调中应用的就是这种离合器。

三、膜片弹簧离合器的结构

膜片弹簧离合器由主动部分、从动部分、压紧机构和操纵机构四部分组成。其中，主、从动部分和压紧机构是保证离合器处于接合状态并能传递动力的基本结构，而操纵机构主要是驾驶人用以使离合器分离、又使之柔和接合的一套装置。膜片弹簧离合器的总成及分解结构如图 2-1-2、图 2-1-3 所示。

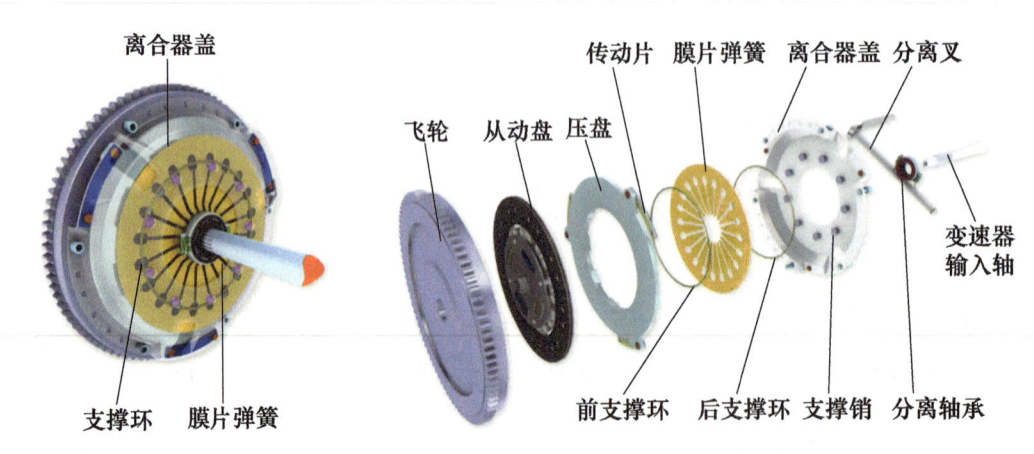

图 2-1-2 膜片弹簧离合器的总成　　图 2-1-3 膜片弹簧离合器的分解示意图

1. 主动部分

膜片弹簧离合器的主动部分包括飞轮、离合器盖和压盘。飞轮用螺栓与曲轴固定在一起，离合器盖通过螺钉固定在飞轮后端面上，压盘与离合器盖通过传动片连接。只要曲轴旋转，发动机发出的动力便经飞轮、离合器盖传至压盘，使它们一起旋转。膜片弹簧离合器的主动部分如图 2-1-4 所示。

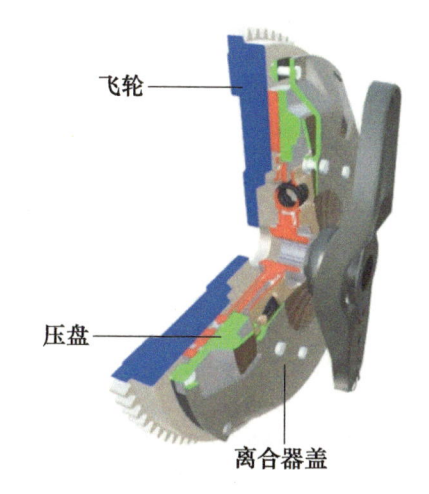

图 2-1-4　膜片弹簧离合器主动部分

2. 从动部分

膜片弹簧离合器的从动部分由装在压盘和飞轮之间的从动盘和从动轴组成。从动盘结构如图 2-1-5 所示，主要由从动盘本体、摩擦片（也称摩擦衬片）和从动盘毂（也称从动盘花键毂）等组成。从动盘带有双面的摩擦片，离合器正常接合时分别与飞轮和压盘相接触；从动盘通过花键毂装在从动轴（手动变速器的输入轴）的花键上，其前端通过轴承支撑在曲轴后端的中心孔中，后端支撑在变速器壳体上。

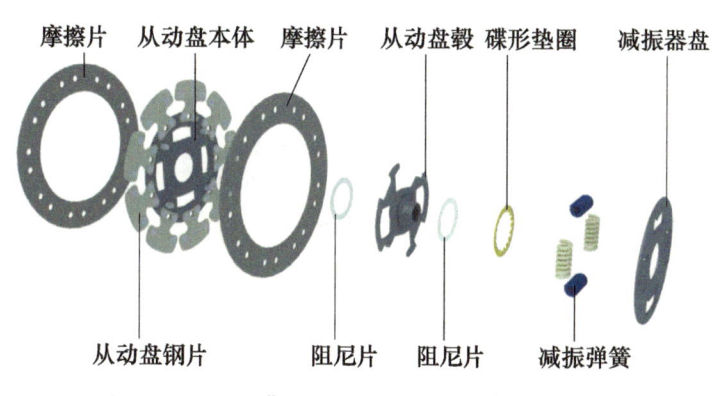

图 2-1-5　膜片弹簧离合器从动盘的结构

当从动盘受到转矩作用时，转矩从摩擦片传到从动盘钢片，再经减振弹簧传给从动盘毂，此时弹簧将被压缩并吸收发动机传来的扭转振动。

3. 压紧机构

离合器压紧机构主要是指装于压盘和离合器盖之间的膜片弹簧。它是用来将压盘和从动盘压向飞轮，从而使飞轮、从动盘和压盘三者压紧在一起的装置。膜片弹簧是一个用优质薄弹簧钢板制成的带有一定锥度的弹簧片，靠中心部分开有 18 条径向切槽，为防止应力集中，槽的末端接近外缘处加工成方孔或圆孔状，形成 18 根弹性杠杆，如图 2-1-6 所示。

图 2-1-6　膜片弹簧离合器的压紧机构

4. 操纵机构

按照分离离合器时所需操纵能源的不同，离合器的操纵机构可分为人力式和助力式两种。人力式又可以分为机械式和液压式；助力式又可以分为气压助力式和弹簧助力式。目前汽车上广泛采用的是人力式的液压式操纵机构。

离合器液压操纵机构的组成如图 2-1-7 所示，主要包括离合器踏板、主缸、工作缸、储液罐、管路、分离轴承、分离杠杆和回位弹簧等。

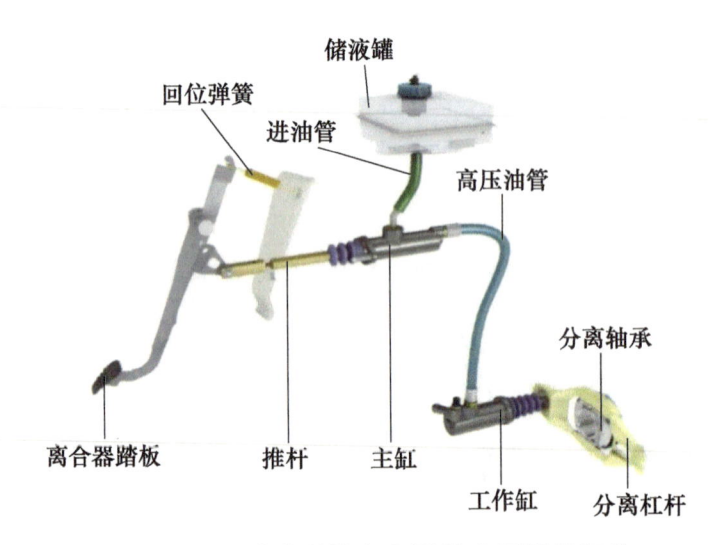

图 2-1-7　膜片弹簧离合器的液压操纵机构

四、膜片弹簧离合器的工作原理

1. 初始状态

离合器处于初始状态时，压盘在膜片弹簧的预压紧力作用下，将从动盘紧紧地压在飞轮上，通过摩擦力将发动机的转矩传给变速器。

2. 分离过程

当踩下离合器踏板时，分离轴承压向膜片弹簧中心，膜片弹簧变成反锥形状，膜片弹簧边缘翘起，拉动压盘右移使离合器分离，解除对从动盘的压力，摩擦作用消失。此时离合器的主、从动部分处于分离状态，中断动力的传递，如图 2-1-8 所示。

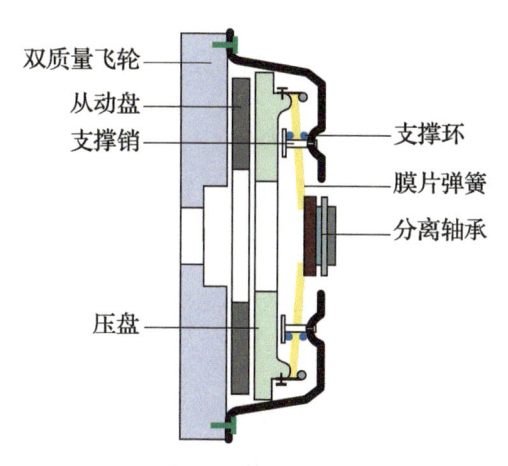

图 2-1-8　膜片弹簧离合器的分离过程

3. 接合过程

当抬起离合器踏板时，分离轴承减小对膜片弹簧内端的压力，压盘在膜片弹簧的作用下向左移动逐渐压紧从动盘。此时从动盘与压盘、飞轮的接触面之间产生摩擦力矩并逐渐增大，动力由飞轮、压盘传递给从动盘并经从动轴输出。在这一过程中，从动盘与输出轴转速逐渐提高，直至与主动部分相同，主、从动部分完全接合，如图 2-1-9 所示。

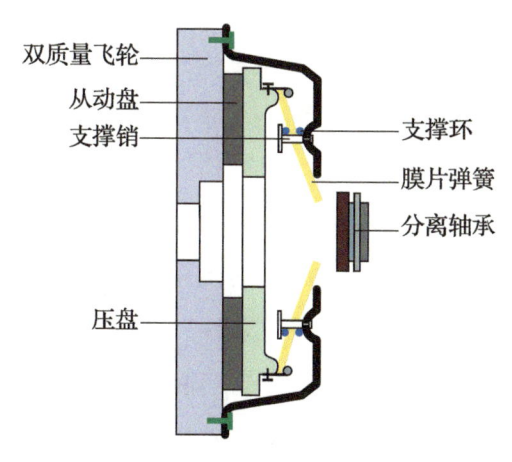

图 2-1-9　膜片弹簧离合器的接合过程

4. 半联动状态

在离合器的接合过程中，当飞轮、压盘和从动盘之间的接合还不紧密时，所能传递的摩擦力矩较小，其主、从动部分未完全达到同步，处于相对打滑的状态，也称为半联动状态。正因为离合器有半联动状态，所以只要操作合理，就能使汽车平稳起步。

五、膜片弹簧离合器的拆装注意事项

以 2018 款别克威朗手动档轿车为例：

1）拆卸前，应先在离合器盖与飞轮上做好装配标记，以方便安装，并保持原有的平衡状态。

2）拆卸离合器盖与发动机飞轮上的固定螺栓时，注意要对角拧松，使其受力对称均匀，避免相关零件变形。

3）拆卸时，应使离合器的压盘、从动盘和飞轮表面远离油污和异物。

　　4）装配时，应对飞轮进行清洁，保证飞轮干净无油污。

　　5）装配时，应在从动盘花键毂内、分离轴承的内座、分离叉和分离叉支撑部件上涂抹少量润滑脂。

　　6）安装离合器从动盘时，必须使盘上的德国字母"Getriebeseite"（变速器）朝向变速器。

六、膜片弹簧离合器的维修

以 2018 款别克威朗手动档轿车为例进行相关检查操作。

1. 离合器的调整

（1）离合器踏板自由行程的检查

当从动盘摩擦片因磨损变薄时，压盘将无法把从动盘压紧到飞轮上，这样就会造成离合器打滑，不能正常工作。为了保证离合器能处于良好接合状态，在离合器安装完成后，膜片弹簧分离指的内端要与分离轴承之间留有一定的间隙，这个间隙称为离合器自由间隙，如图 2-1-10 所示。

在踩下离合器踏板后，为消除离合器自由间隙所需的踏板行程，称为离合器踏板自由行程。当摩擦片磨损时，离合器踏板自由行程缩短，可能导致离合

器打滑；而离合器踏板自由行程过大，则会导致离合器分离不彻底。

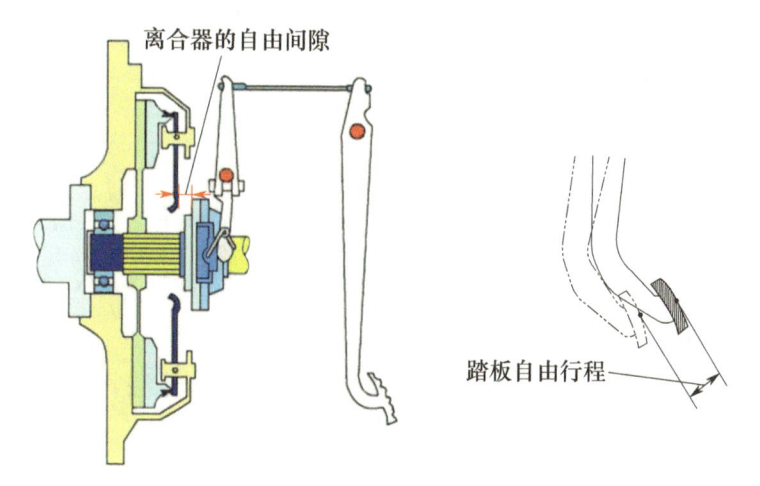

图 2-1-10　离合器自由间隙与踏板自由行程

离合器踏板自由行程的检查方法如下：

1）测量离合器踏板在完全放松时的高度。

2）如图 2-1-11 所示，用手轻按离合器踏板，当感到阻力增大时停住，再测量离合器踏板高度。

3）两次测量的高度差即为离合器踏板的自由行程。

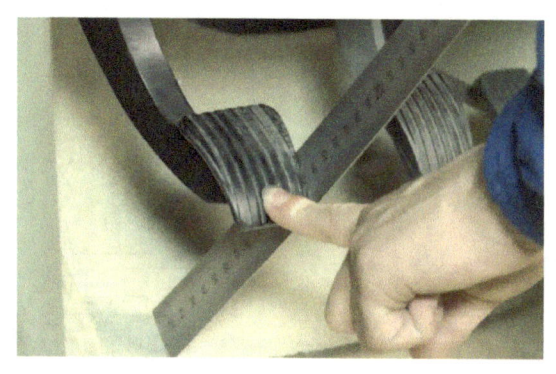

图 2-1-11　检查离合器踏板自由行程

（2）离合器踏板自由行程的调整

如果测得的离合器踏板自由行程不符合规定值（20~30mm），应进行调整。调整方法如下：

1）将主缸推杆锁紧螺母旋松。

2）转动主缸推杆，调整主缸推杆长度。主缸推杆变短，则离合器踏板行程变小；反之，主缸推杆变长，则离合器踏板行程变大，从而调整踏板自由行程。

3）调整完毕，紧固离合器推杆锁紧螺母。

⚠ **思考** 离合器踏板自由行程不调整会产生什么样的结果？

2. 离合器的维修

（1）从动盘的维修

从动盘是离合器中最易损坏的部件，其常见的损伤有：摩擦片磨损变薄、烧蚀、表面龟裂、油污，铆钉外露或松动，从动盘钢片翘曲，减振弹簧损坏和花键轴套内的花键磨损等。从动盘检修方法如下：

1）目视检查。目视检查从动盘表面是否有烧焦、油污、开裂等情况，若有，应更换从动盘。

2）检查摩擦片磨损程度。如图2-1-12所示，用游标卡尺测量从动盘铆钉头的深度，铆钉头的最小深度为0.3~0.5mm，超过极限值应更换摩擦片。

3）检查从动盘摩擦片上铆钉松动情况。用小锤敲击摩擦片，若声音沙哑，说明铆钉松动，紧固或更换铆钉即可。

4）检查从动盘钢片翘曲变形情况。如图2-1-13所示，使用百分表测量从动盘的轴向圆跳动，其轴向圆跳动的最大值为0.5~0.8mm，超过此极限值，则应对从动盘进行校正或更换。

5）其他检查。检查从动盘的花键毂是否有过度磨损或缺齿；检查减振弹簧是否断裂或有明显变形，若有应更换从动盘。

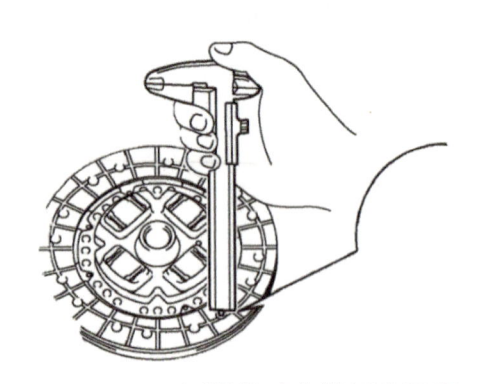

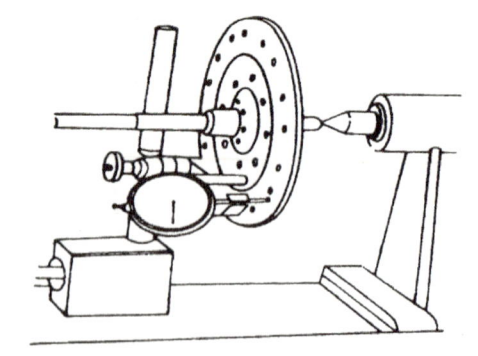

图2-1-12 测量从动盘铆钉头深度　　图2-1-13 测量从动盘轴向圆跳动

（2）离合器压盘、离合器盖的维修

离合器压盘的主要损伤形式是翘曲、破裂和过度磨损等，其检修方法如下：

1）目视检查。目视检查压盘表面是否有变形、裂纹、烧蚀或压盘磨损面不均匀等情况，若有，则应进行修复或更换。

2）检查压盘平面度。如图 2-1-14 所示，用刀口尺压在压盘上，然后用塞尺测量。离合器压盘平面度误差不应超过 0.2mm。

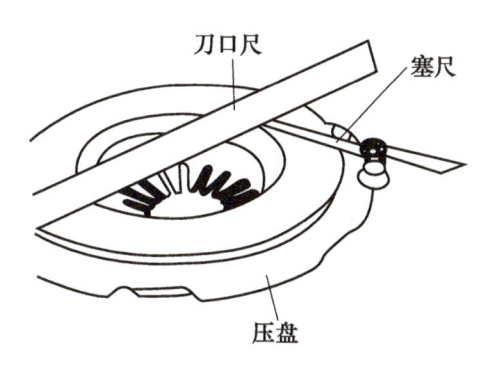

图 2-1-14　测量压盘平面度

3）检查离合器盖与飞轮接合面的平面度。离合器盖与飞轮的接合面的平面度误差应小于 0.5mm，若有翘曲、裂纹、螺纹磨损等应更换离合器盖。

⚠ 思考　在对零部件进行检查测量时，为什么要选择不同的测量工具，如游标卡尺、塞尺等？

（3）膜片弹簧的维修

膜片弹簧因长时间负荷的作用，易产生弯曲、折断或弹力减弱等情况，影响其动力的传递。若弯曲必须进行校正，若折断应予以更换。具体检修方法如下：

1）目视检查。目视检查膜片弹簧的分离指是否在同一高度，是否有断裂或过度磨损现象，如果不在同一高度或有断裂、过度磨损现象，应更换压盘总成。

2）检查膜片弹簧的磨损程度。如图 2-1-15 所示，用游标卡尺测量膜片弹簧与分离轴承接触部位磨损的深度和宽度。深度 A 应小于 0.6mm，宽度 B 应小于 5mm，否则应更换。

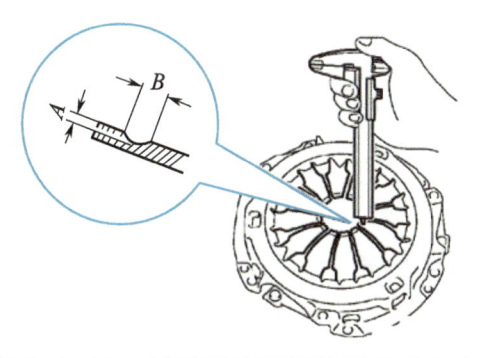

图 2-1-15　测量膜片弹簧磨损深度和宽度

（4）分离轴承的维修

分离轴承常因保养不当或自然磨损、松旷而损坏。如图2-1-16所示，用手固定分离轴承内圈，转动外圈，同时在轴向施加压力，若有阻滞或明显间隙感时，应更换分离轴承。

（5）飞轮的维修

飞轮的主要损伤为飞轮后端面磨损或擦伤、飞轮翘曲变形、齿圈轮齿磨损等。当齿圈磨损超限时应更换；当飞轮端面磨损沟槽或平面度误差超过极限值时应修平面或更换；当飞轮的轴向圆跳动超过极限值（极限值一般为0.2mm）时，则应修理或更换飞轮，检查方法如图2-1-17所示。

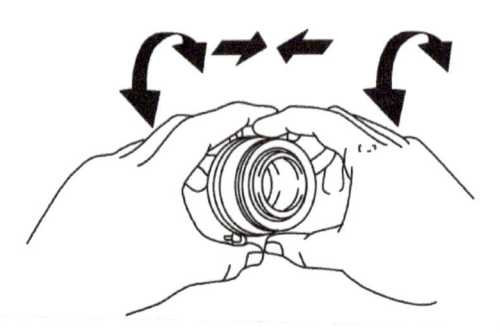

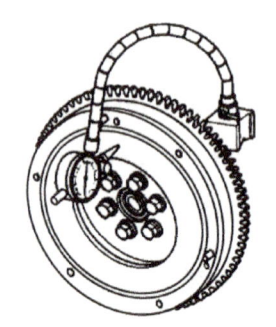

图2-1-16　检查分离轴承　　　图2-1-17　飞轮轴向圆跳动的检查

课程育人

汽车离合器技术始终伴随着汽车工业的发展而发展。自1891年摩擦式汽车离合器诞生，到1948年液力变矩器出现，再到现如今各种智能控制技术不断应用于汽车上，汽车离合器的技术革新从未缺席。

多年来，我国离合器企业与国外企业相比在品牌价值、产品技术含量、产品质量、自主研发能力等很多方面存在较大差距。随着国际竞争压力日益增大，"自主创新"就更为重要。为此，国内汽车离合器企业开始通过不断地调整产品结构来寻求突破。现在，在产品技术方面，国产膜片弹簧离合器的品种已经能全面覆盖国内众多车型的需求，同时取得了在国外动力传动系统技术基础上，研发出诸如φ430拉式膜片弹簧离合器的可喜成果。

离合器从动盘总成中装有扭转减振器，防止了传动系统的扭转共振，减小了传动系统噪声和载荷。随着人们对汽车舒适性要求的提高，越来越多的乘用车采用具有双质量飞轮的扭转减振器，这对于传动系统降噪有重要作用。同时，离合器技术的不断发展，也关乎未来我国汽车产业技术的发展趋势。

⚠ **思考** 国内汽车企业为什么要自主研发离合器产品？

✏ 巩固提升

一、选择题

1. 下列不属于离合器功用的是（　　）。
   A. 使汽车平稳起步　　　　B. 提高汽车的速度
   C. 保证换档平顺　　　　　D. 防止传动系统过载
2. 下列不属于离合器主动部分的是（　　）。
   A. 压盘　　　　　　　　　B. 飞轮
   C. 摩擦片　　　　　　　　D. 离合器盖
3. 在不踩下离合器踏板时，离合器是处于（　　）状态。
   A. 打滑　　　　　　　　　B. 接合
   C. 分离　　　　　　　　　D. 半联动
4. 离合器从动盘安装在（　　）上。
   A. 发动机曲轴　　　　　　B. 变速器输入轴
   C. 变速器输出轴　　　　　D. 变速器中间轴
5. 离合器踏板自由行程的调整是通过改变（　　）长度来实现的。
   A. 推杆　　　　　　　　　B. 直拉杆
   C. 横拉杆　　　　　　　　D. 转向轴

二、判断题

1. 目前汽车上最常用的离合器是周布弹簧离合器。（　　）
2. 离合器操纵机构主要是驾驶人用以使离合器分离、又使之柔和接合的一套装置。（　　）
3. 离合器的摩擦片上粘有油污后，可得到润滑。（　　）
4. 可以用游标卡尺测量从动盘铆钉头的深度来判断摩擦片的磨损程度。（　　）
5. 离合器自由行程是由于操纵机构长期使用后磨损产生的。（　　）

学习任务二　手动变速器的结构与维修

情景导入

客户贾先生驾驶一辆2016款大众帕萨特手动档轿车，在行驶过程中，很难换档位，并且还伴随有撞击声。4S店维修技师检测及路试检查后，初步怀疑是变速器内部换档结构损坏。为了确定故障原因，需对变速器做进一步检测。作为汽车维修技师，请仔细查看服务顾问提供的接车问诊表，并针对故障进行后续处理。

接车问诊表

车牌号：黑A*****	车架号：LSVCZ******218513	行驶里程：80000（km）
用户名：贾**	电话：150****2112	来店时间：2022.9.1

用户陈述及故障发生时的状况：行驶过程中，很难换档位，并且还伴随有撞击声

接车员检测确认建议：检查汽车变速器

车间检测确认结果及主要故障零部件：

车间检查确认者：

外观确认：

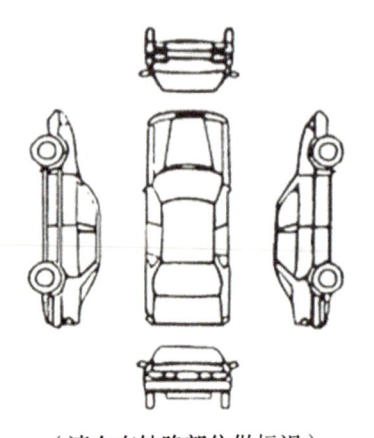

（请在有缺陷部位做标识）

功能确认：（工作正常√　不正常×）
☑音响系统　☑门锁（防盗器）　☑全车灯光
☑工具　☑后视镜　☑天窗　☑座椅
☑点烟器　☑玻璃升降器　☑玻璃

物品确认：（有√　无×）

贵重物品提示
☑工具　☑备胎
☑灭火器　☑其他（　　　）
旧件是否交还用户
☑是　☐否
用户是否需要洗车
☑是　☐否

- 检测费说明：本次检测的故障，如用户在本店维修，检测费包含在修理费用内；如用户不在本店维修，请您支付检测费。本次检测费：×××元。
- 贵重物品：在将车辆交给我店检查修理前，已提示将车内贵重物品自行收起并保存好，如有遗失恕不负责。

接车员：王**　用户确认：贾**

一、变速器的功用

现代汽车广泛采用活塞式内燃机作为动力源,其转矩和转速变化范围较小,无法满足车辆复杂的使用条件。为解决这一矛盾,现代汽车均在传动系统中设置了变速器。汽车变速器装置(图 2-2-1)具体功用如下:

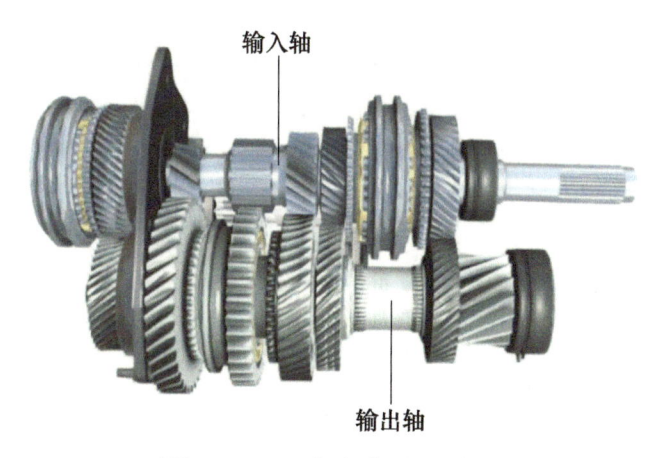

图 2-2-1 汽车变速器装置

(1)改变传动比

变速器能够扩大发动机转矩和转速的变化范围,以适应不同的工况要求(如起步、加速、上坡等),同时也可使发动机在有利(功率较高而耗油率较低)的工况下工作。

(2)实现倒车

变速器倒档可在发动机曲轴旋转方向不变的前提下,使汽车能倒向行驶。

(3)中断动力传递

在发动机起动、怠速运转、变速器换档、汽车滑行和暂时停车等情况下,可利用变速器空档中断动力传递。

二、变速器的类型

现代汽车上所采用的变速器有多种结构形式,一般可按照传动比和操纵方式的不同进行分类。

1. 按传动比的变化方式分类

变速器按传动比的变化方式不同,可分为有级式、无级式(CVT)和综合式三种，每一种类型的特点见表 2-2-1。

表 2-2-1　变速器的类型（按传动比的变化方式不同分类）

类型	特点
有级式变速器	采用齿轮传动，具有若干个定值传动比。轿车和轻、中型货车变速器多采用 5~6 个前进档和一个倒档，每个档位对应一个传动比；重型汽车变速器的档位较多，可有 8~20 个档位
无级式变速器（CVT）	传动比可在一定范围内连续变化。这类变速器大多采用金属带传递动力，通过主、从动带轮直径的变化实现无级变速，在中、高级轿车上应用较多
综合式变速器	由液力变矩器和齿轮式有级变速器组成，一般都是由计算机控制来实现自动换档，目前应用较多，是车用自动变速器的主要结构类型

2. 按变速器操纵方式分类

变速器按操纵方式的不同，可分为手动变速器（MT）、自动变速器和手自一体变速器三种，每一类型的特点见表 2-2-2。

表 2-2-2　变速器的类型（按操纵方式不同分类）

类型	特点
手动变速器（MT）	通过驾驶人用手操纵变速杆来选定档位，并直接操纵变速器的换档机构进行档位变换。齿轮式有级变速器大多数采用这种换档方式
自动变速器	传动比的选择和换档是自动进行的，驾驶人只需操纵加速踏板，变速器就可以实现档位的变换
手自一体变速器	将汽车的手动换档和自动换档结合在一起的变速方式，可以根据驾驶人的主观意愿自由调节档位及转速

三、手动变速器的结构

手动变速器包括变速传动机构和操纵机构两大部分，变速传动机构的主要作用是改变转矩的大小和方向，操纵机构的作用是实现换档。

1. 变速传动机构

变速传动机构是变速器的主体，按工作轴数量的不同（不包括倒档轴）可分为二轴式变速器和三轴式变速器，如图 2-2-2 所示。其中，二轴式变速器多用于发动机前置前驱的汽车，一般与驱动桥（前桥）合称为手动变速驱动桥；三轴式变速器多用于发动机前置后驱的汽车。目前，大多数轿车采用二轴式变速器。

a）二轴式变速器

b）三轴式变速器

图 2-2-2　二轴式和三轴式变速器

二轴式变速器传动机构如图 2-2-3 所示，主要由输入轴、输出轴、倒档轴、轴承支架、同步器等部件组成。

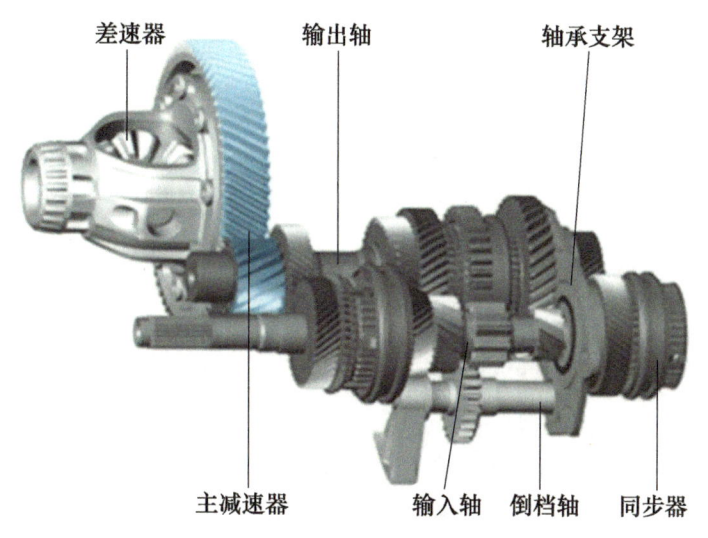

图 2-2-3　二轴式变速器传动机构

（1）输入轴

输入轴上装有 1~5 档和倒档主动齿轮、3/4 档同步器和 5 档同步器、锁环等部件。其中，1~5 档主动齿轮是斜齿，倒档主动齿轮是直齿。1 档、2 档和倒档主动齿轮与轴制成一体，3、4、5 档齿轮通过轴承空套在输入轴上，3/4 档同步器和 5 档齿轮同步器通过花键与输入轴相连。为减轻输入轴重量，通常将输入轴制成空心轴，如图 2-2-4 所示。

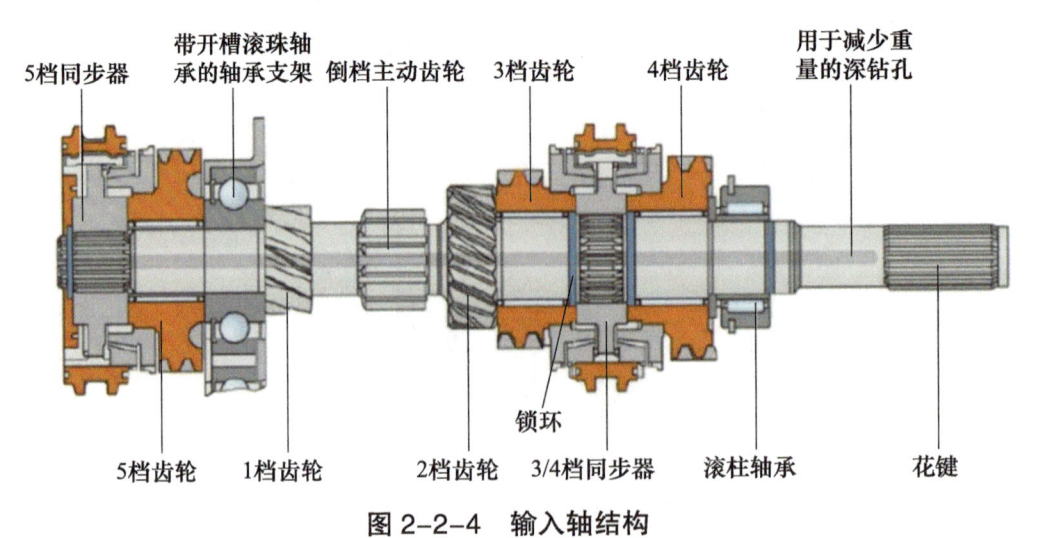

图 2-2-4　输入轴结构

（2）输出轴

输出轴上装有 1~5 档从动齿轮、1/2 档齿轮同步器和锁环等部件。其中，1、2 档齿轮通过轴承空套在输出轴上，3、4、5 档齿轮以及 1/2 档齿轮同步器通过花键与输出轴相连。同样，为减轻输出轴重量，该轴也采用了空心结构，如图 2-2-5 所示。

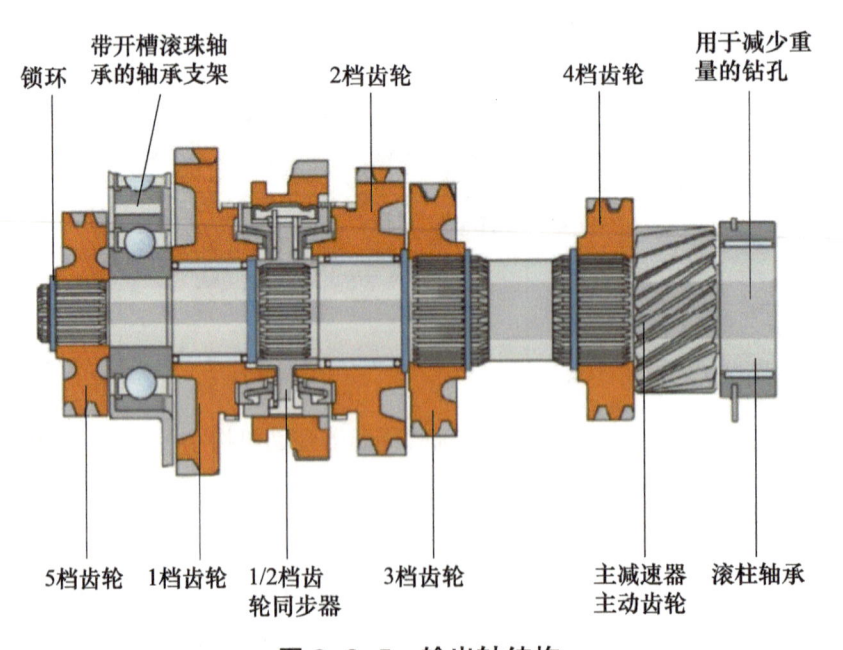

图 2-2-5　输出轴结构

（3）倒档轴

倒档轴的两端分别连接在轴承支架和倒档轴支座上，倒档轴支座则通过螺栓与变速器壳体相连，如图 2-2-6 所示。倒档从动齿轮与输入轴上的倒档主动齿轮及输出轴上的 1/2 档齿轮同步器同时啮合来实现变速器的倒档功能。

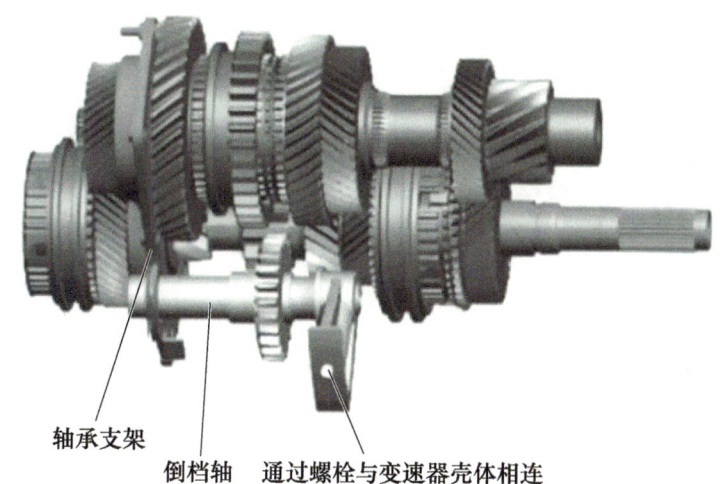

图 2-2-6　倒档轴位置

（4）同步器

现代轿车手动变速器中都安装了同步器来实现齿轮的转速同步换档。目前所采用的同步器几乎都是摩擦式惯性同步器，按锁止装置的不同，可分为锁环式惯性同步器和锁销式惯性同步器。

锁环式惯性同步器结构如图 2-2-7 所示，主要包括接合齿圈（图中未画出）、滑块、锁环（同步环）、弹簧圈、花键毂、接合套等部件。

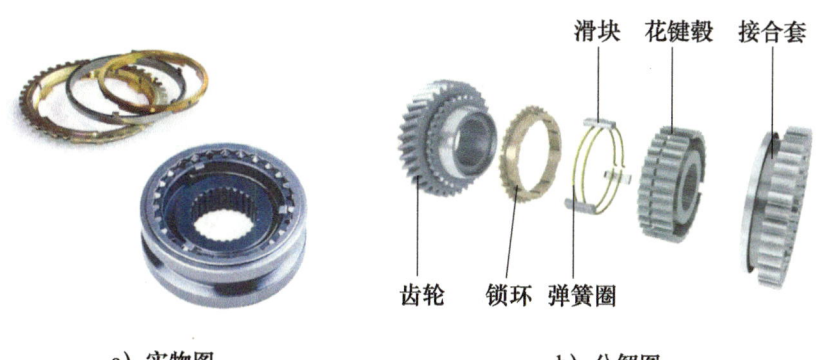

a）实物图　　　　　　　　b）分解图

图 2-2-7　锁环式惯性同步器结构

锁销式惯性同步器主要应用于大、中型货车上,其结构如图 2-2-8 所示,主要包括摩擦锥盘、摩擦锥环、定位销、接合套、锁销、花键毂(图中未画出)等部件。

a) 实物图　　　　　　　　　　　b) 分解图

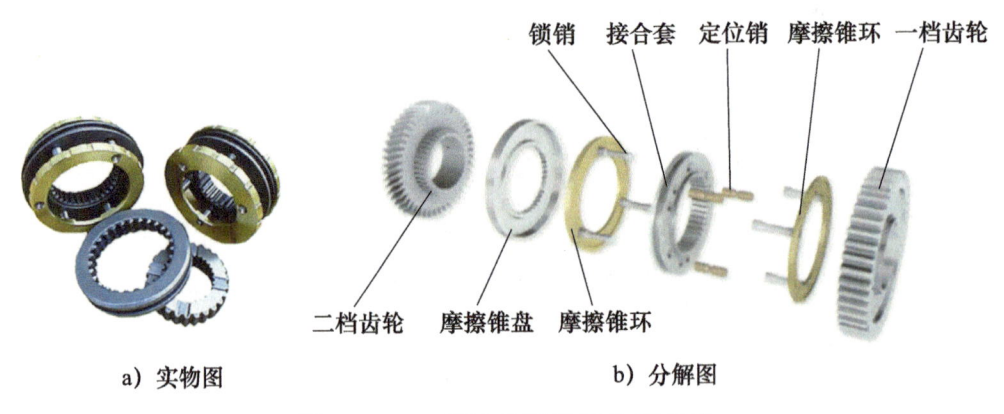

图 2-2-8　锁销式惯性同步器结构

2. 操纵机构

操纵机构主要是用于让驾驶人准确、可靠地挂入所需档位,并随时退到空档,主要包括变速杆、拨叉轴及拨叉等。根据操纵杆与变速器的相互位置不同,变速器操纵机构可分为远距离操纵式和直接操纵式两种类型,如图 2-2-9 所示。常见的为远距离操纵式。

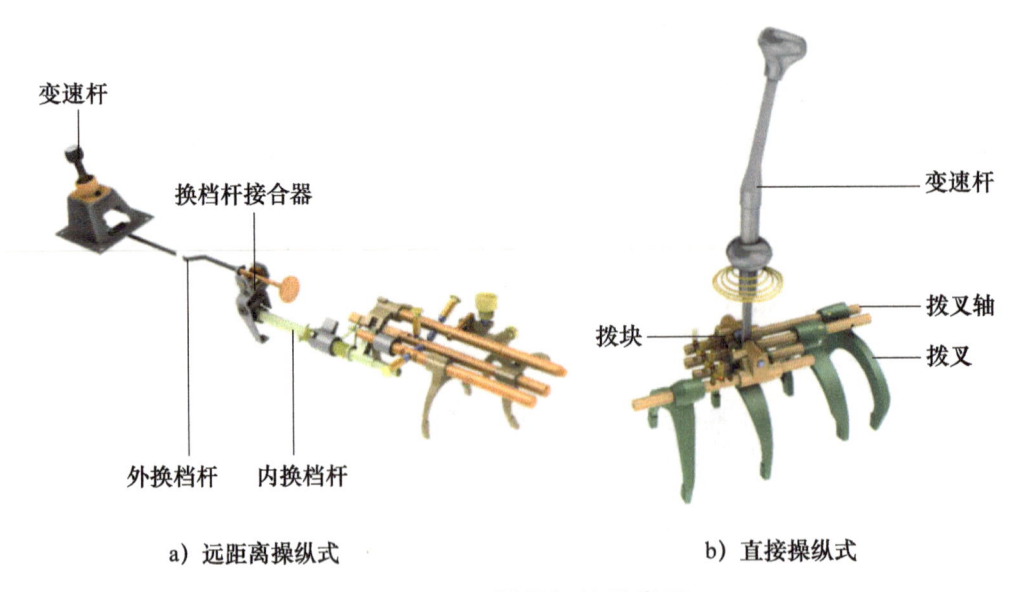

a) 远距离操纵式　　　　　　　　b) 直接操纵式

图 2-2-9　操纵机构的类型

为了保证变速器在任何情况下都能准确、安全、可靠地工作,变速器操纵机构一般都设有自锁、互锁和倒档锁三大锁止装置。其中,自锁装置的作用是保证换档到位，防止自动脱档或自动挂档，包括自锁钢球和自锁弹簧等部件，如图2-2-10所示。互锁装置的作用是防止变速器同时挂入两个档位，主要由互锁柱销、互锁钢球组成，其结构如图2-2-11所示。倒档锁装置如图2-2-12所示，其作用是防止误挂入倒档而导致零件损坏或发生安全事故。

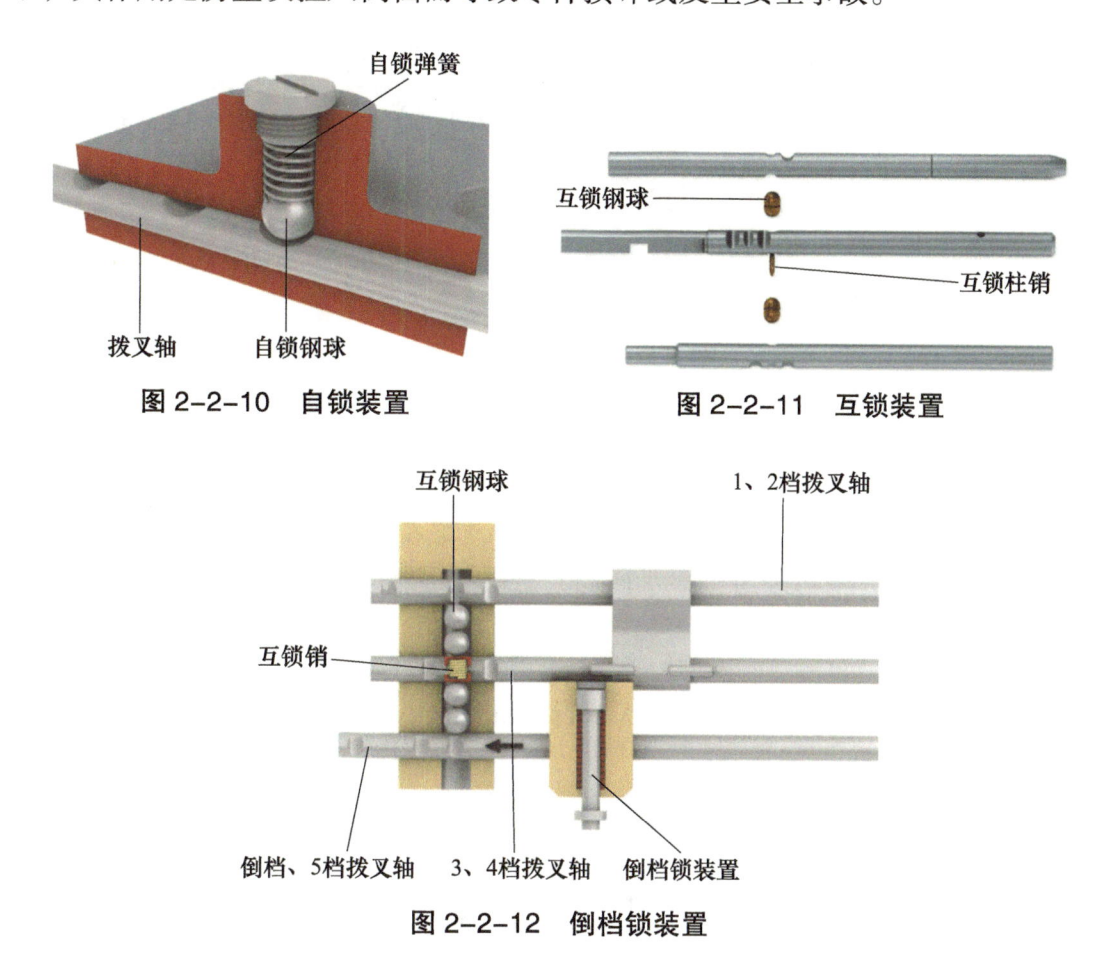

图2-2-10　自锁装置

图2-2-11　互锁装置

图2-2-12　倒档锁装置

> **思考**　联系生活，是否遇到过因为换错档造成安全事故的案例？导致事故的原因是什么呢？

四、手动变速器的动力传递路线

二轴式变速器的动力传递主要依靠两根互相平行的轴，即输入轴与输出轴共同完成，其具体的动力传递路线如下。

（1）1档

当挂入1档时，动力传递路线为：动力→输入轴→输入轴1档主动齿轮→

输出轴1档从动齿轮→输出轴1/2档同步器→输出轴→动力输出，如图2-2-13所示。

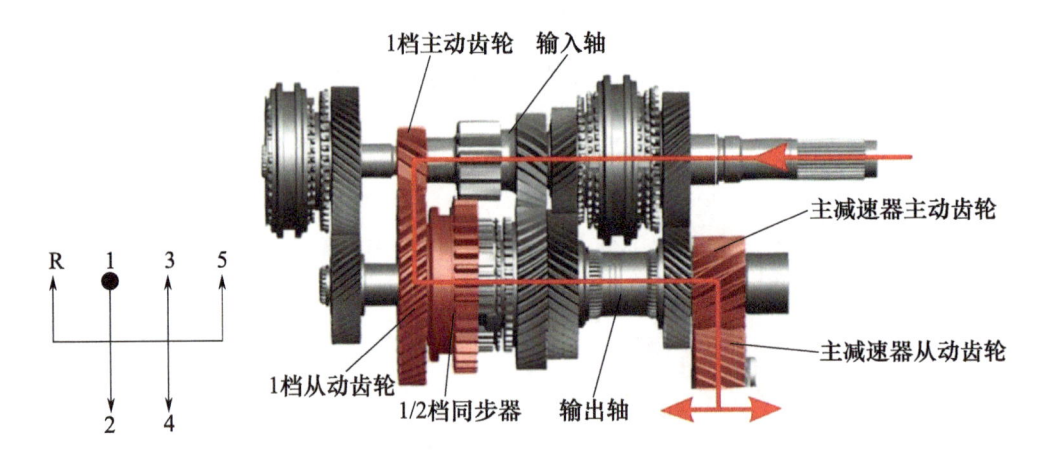

图2-2-13　二轴式手动变速器1档动力传递路线

（2）2档

当挂入2档时，动力传递路线为：动力→输入轴→输入轴2档主动齿轮→输出轴2档从动齿轮→输出轴1/2档同步器→输出轴→动力输出，如图2-2-14所示。

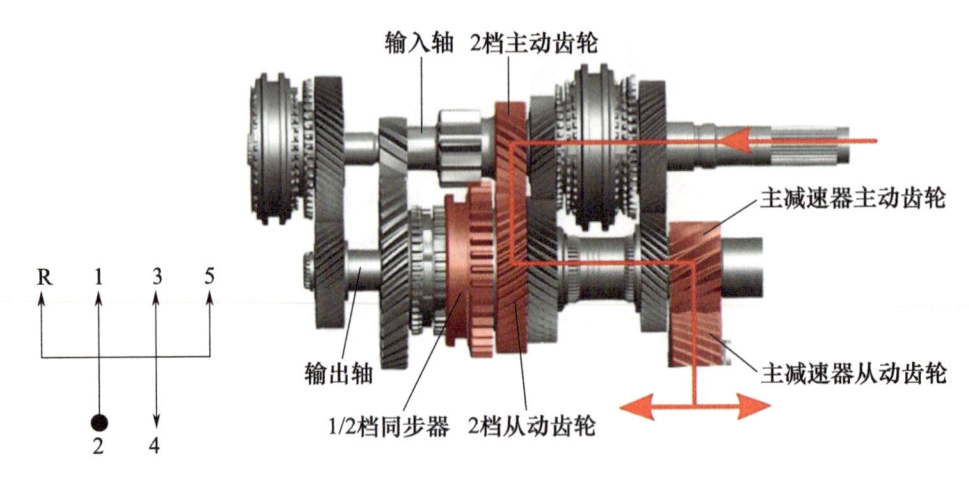

图2-2-14　二轴式手动变速器2档动力传递路线

（3）3档

当挂入3档时，动力传递路线为：动力→输入轴→输入轴3/4档同步器→输入轴3档主动齿轮→输出轴3档从动齿轮→输出轴→动力输出，如图2-2-15所示。

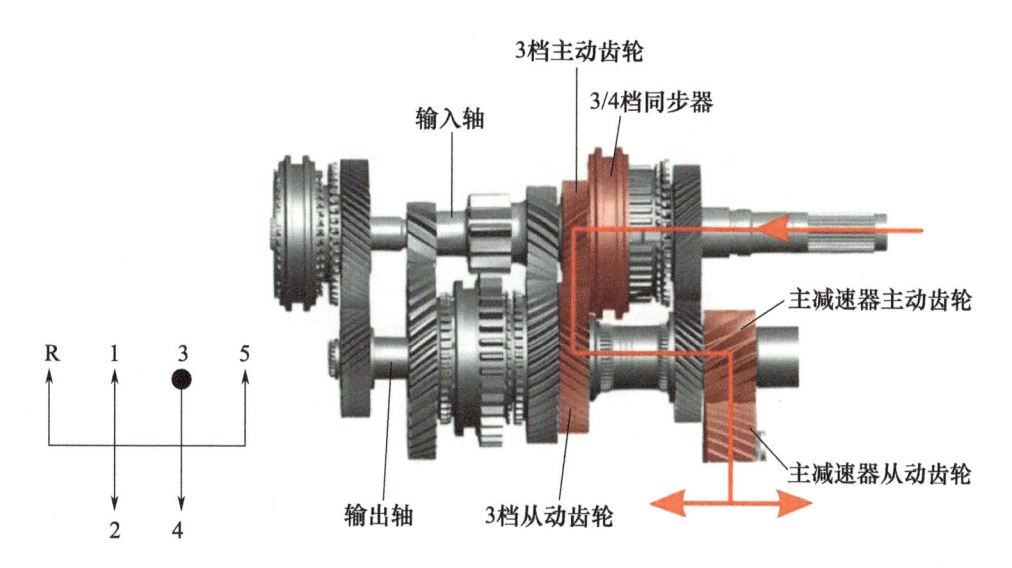

图 2-2-15　二轴式手动变速器 3 档动力传递路线

（4）4 档

当挂入 4 档时，动力传递路线为：动力→输入轴→输入轴 3/4 档同步器→输入轴 4 档主动齿轮→输出轴 4 档从动齿轮→输出轴→动力输出，如图 2-2-16 所示。

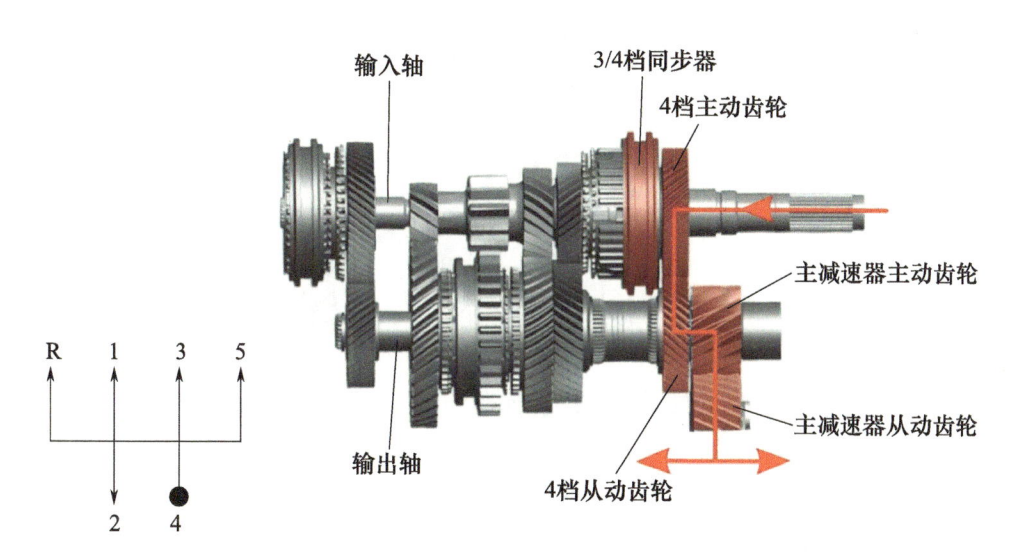

图 2-2-16　二轴式手动变速器 4 档动力传递路线

（5）5 档

当挂入 5 档时，动力传递路线为：动力→输入轴→输入轴 5 档同步器→输入轴 5 档主动齿轮→输出轴 5 档从动齿轮→输出轴→动力输出，如图 2-2-17 所示。

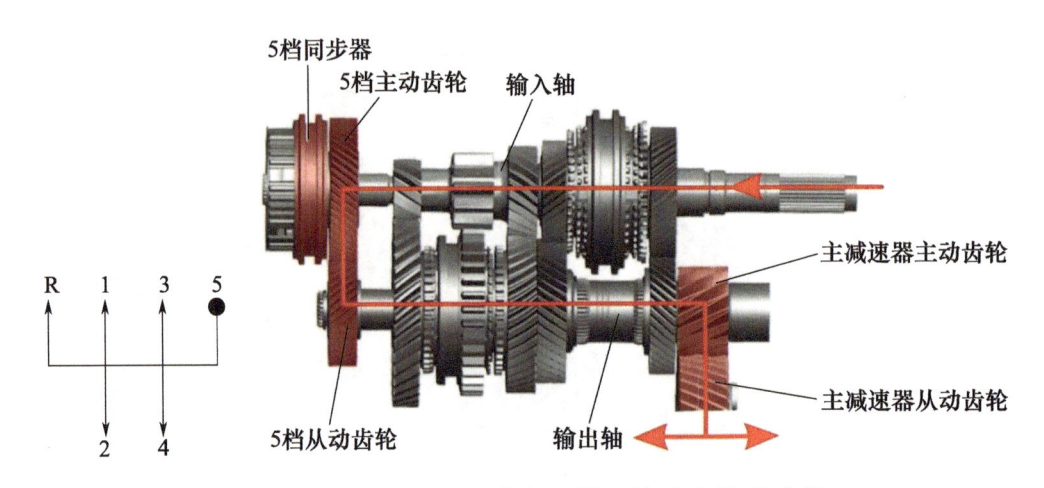

图 2-2-17　二轴式手动变速器 5 档动力传递路线

（6）倒档（R）

当挂入 R 档时，动力传递路线为：动力→输入轴→输入轴倒档主动齿轮→倒档从动齿轮→1/2 档同步器→输出轴→动力反向输出，如图 2-2-18 所示。

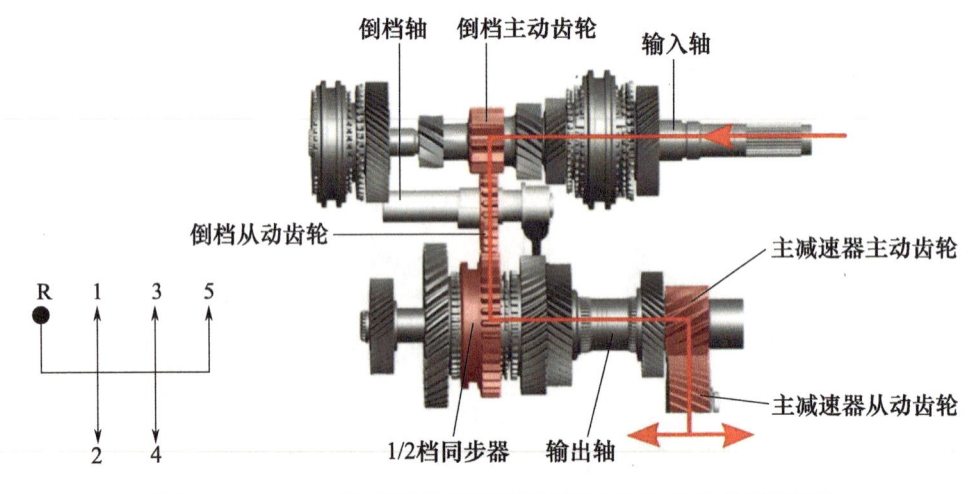

图 2-2-18　二轴式手动变速器倒档（R）动力传递路线

五、手动变速器分解的注意事项

以 2016 款大众帕萨特手动档轿车为例：

1）拆装前应熟悉变速器的构造，严格按照正确的操作规程进行拆装，并注意操作安全。

2）需将变速器油排放干净后，才能进行变速器拆卸工作。

3）分解变速器时不能用锤子直接敲击零件，必须采用铜棒或硬木垫进行敲击。

4）注意拆卸时零件的放置、各零部件的清洁和润滑。

5）凡有规定拧紧力矩要求的螺栓、螺母，应按规定力矩拧紧。

6）装配后变速器总成应符合相关技术标准。

六、手动变速器的维修

以 2016 款大众帕萨特手动档轿车为例进行相关检查操作。

1. 手动变速器油的检查

由于变速器在使用中频繁换档，长期在高转速、大负荷工况下工作等原因，变速器的零部件会产生磨损或损伤，致使其使用性能下降。定期检查或更换变速器油是维护变速器的重要措施之一。

1）检查变速器油的渗漏情况。目视检查变速器壳接触面、轴和拉索伸出的区域、油封、放油塞和加注塞等区域是否存在漏油现象。

2）检查变速器油位。变速器中油面的高低对变速器的性能影响很大。若油面过高，则旋转机件旋转时剧烈搅动油液并产生气泡，影响润滑效果。

从手动变速器上拆卸加注塞，将手指插入塞孔，检查油与手指接触的位置，如图 2-2-19 所示。一般油面应在加注口下边缘 0~5mm 内。

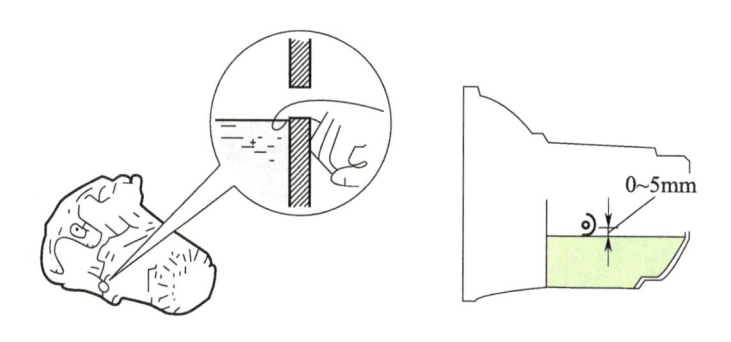

图 2-2-19　手动变速器油位检查

3）检查油质情况。松开放油塞，用容器接部分油液，观察排出油液的情况，如油液是否存在异味、是否浑浊；用手指捻搓油液，看油液中是否存在细小的金属颗粒。如果有变质情况，应更换变速器油。

2. 齿轮与花键的检查

齿轮的主要损伤形式有齿面、齿端磨损，齿面疲劳剥落、腐蚀斑点等。

1）目视检查齿面，若齿面有明显的疲劳斑点、划痕或阶梯形磨损时，应更换齿轮。

2）目视检查斜齿轮齿面的磨损程度，磨损量若超过原齿面的15%，应更换齿轮。

3）检查齿轮与齿轮、齿轮与轴及花键之间各啮合间隙是否符合规定值，如果不符合，应更换。

3. 变速器轴的检查

当轴摆度增加时，轴颈外径因磨损而减小，齿轮很难正确接合并且会导致异常噪声。在极端环境下，齿轮将损坏。

1）目视检查变速器轴，若轴上有裂纹或破损处时，应更换。

2）检查变速器轴的弯曲变形情况，不符合标准时，应校正或更换。

3）如图 2-2-20 所示，用千分尺测量变速器轴颈（或定位凹槽）的磨损情况，若超出规定值，应更换。

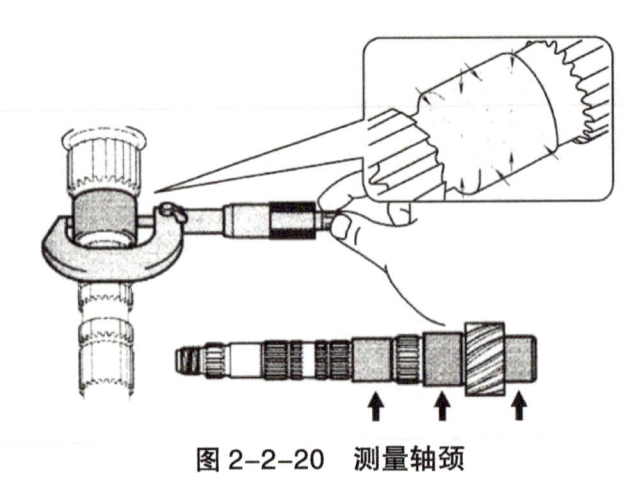

图 2-2-20　测量轴颈

4. 同步器的检查

（1）检查同步器锁环

1）目视检查。目视检查同步器锁环内表面凹槽有无磨损、擦伤或机械损坏等情况，若有，应更换。

2）测量同步器锁环与齿轮之间的间隙。如图 2-2-21 所示，用塞尺测量锁环和换档齿轮端面之间的间隙，若超过标准值，则应更换同步器。

3）检查同步器锁环运行情况。用手按压同步器锁环使其与齿轮锥装在一起，然后用力转动同步器锁环，正常情况下同步器锁环应不滑动，如图 2-2-22 所示。

图 2-2-21　测量同步器锁环与齿轮之间的间隙

图 2-2-22　检查同步器锁环运行情况

（2）检查同步器毂和毂套

1）目视检查。检查同步器毂和同步器毂套花键是否有擦伤或任何机械损坏，若有，应更换。

2）检查同步器毂和毂套滑动性能。接合同步器毂和毂套，检查滑动是否顺畅。如果同步器毂和毂套卡滞，变速杆会产生拖滞感觉，如图 2-2-23 所示。

图 2-2-23　检查同步器毂和毂套滑动性能

⚠ 思考　为什么要检查同步器，如果同步器损坏可能会产生什么样的后果？

5. 操纵机构的检查

变速器操纵机构的主要损伤形式有磨损、变形、连接松动和弹簧失效等。

1）检查操纵机构各零件的连接应无松动现象，否则应及时紧固。

2）检查变速杆、拨叉、拨叉轴等应无变形，否则应校正或更换。

3）检查拨叉与接合套、拨叉与拨叉轴、选档轴等处的磨损，到达磨损极限时应更换。

4）检查定位钢球、定位锁销、锁止弹簧、回位弹簧，当出现过度磨损或弹簧失效的情况时，应更换相应的零件。

课程育人

世界上第一台变速器诞生于1889年，由法国标致公司研制开发。这种变速器即我们现在所说的手动变速器。传统手动变速器具有结构简单、成本低、传动效率高的特点，虽然操作相对复杂，但仍然具有独特的优势。

手动变速器结构较为简单，只有齿轮和轴，其原理是通过纯机械的方式选择不同传动速比的齿轮，从而让大小齿轮相互啮合，进而改变传动比和转矩，实现变速。直至今日，手动变速器依然作为几乎所有品牌汽车的基本车型配置活跃在汽车市场，成为很多驾驶爱好者倾心之选。如果驾驶者技术好，装有手动变速器的汽车在加速、超车时比安装自动变速器的车快，油耗低。比起自动变速器，手动变速器能提供的功率更大。因此，几乎所有的赛车都使用手动变速器。

随着行业的发展和用户需求的提升，自动变速器应运而生。因其操作简单，利于推广，一样备受广大消费者青睐，从而成为手动变速器的强大竞争对手。但尽管如此，自动变速器现阶段依然无法彻底取代手动变速器。随着汽车技术的发展，未来的变速器将会以什么样的面貌与世人见面，我们尚不知晓，但科技的力量从未让人类失望，未来相信会有更加智能化的产品出现。

思考 你希望未来的变速器具备怎样的性能呢？

巩固提升

一、选择题

1. 下列不属于变速器功用的是（　　）。
   A. 改变传动比，扩大驱动轮转矩和转速的变化范围
   B. 发动机旋转方向不变的前提下，使汽车能倒退行驶
   C. 利用空档中断动力传递，以便发动机能起动、怠速
   D. 便于变速器换档或进行动力输出

2. 变速器按传动比的变化方式不同，可分为（　　）。
   A. 手动变速器、自动变速器、手自一体变速器

B. 有级式变速器、无级式变速器、综合式变速器

C. 手自一体变速器、双离合变速器

D. 手动变速器、自动变速器、综合式变速器

3. 二轴式变速器挂倒档时，输出轴（　　）。

　　A. 不转动

　　B. 与发动机曲轴旋转方向相反

　　C. 与发动机曲轴旋转方向相同

　　D. 任意方向

4. 变速器操纵机构的安全装置有（　　）。

　　A. 自锁装置

　　B. 互锁装置

　　C. 倒档锁装置

　　D. 以上都正确

5. 二轴式手动变速器5档的动力传递路线是（　　）。

　　A. 动力→输入轴→输入轴5档主动齿轮→输出轴5档从动齿轮→输出轴→动力输出

　　B. 动力→输入轴→输入轴5档从动齿轮→输出轴5档主动齿轮→输出轴→动力输出

　　C. 动力→输入轴→输入轴5档同步器→输入轴5档主动齿轮→输出轴5档从动齿轮→输出轴→动力输出

　　D. 动力→输入轴→输入轴5档主动齿轮→输出轴5档从动齿轮→输出轴5档同步器→输出轴→动力输出

二、判断题

1. 变速传动机构的作用是改变速比和旋转方向。　　　　　　　　（　　）

2. 同步器可以使发动机的转矩变大。　　　　　　　　　　　　　（　　）

3. 手动变速器，俗称"AT"。　　　　　　　　　　　　　　　　　（　　）

4. 二轴式变速器多用于发动机前置前驱的汽车。　　　　　　　　（　　）

5. 手动变速器齿轮装配不当可能导致运转异响。　　　　　　　　（　　）

学习任务三　自动变速器的结构与维修

情景导入

客户贾先生驾驶一辆2018款别克威朗自动档轿车，在上坡时，汽车行驶无力，但发动机的转速却很高。4S店维修技师检测及路试检查后，发现自动变速器油液面过低。为了确定故障原因，需对自动变速器做进一步检测。作为汽车维修技师，请仔细查看服务顾问提供的接车问诊表，并针对故障进行后续处理。

接车问诊表

车牌号：黑A*****	车架号：LSGBC******173001	行驶里程：60000（km）
用户名：贾**	电话：150****2112	来店时间：2022.9.1

用户陈述及故障发生时的状况：在上坡时，汽车行驶无力，但发动机的转速却很高

接车员检测确认建议：检查汽车自动变速器

车间检测确认结果及主要故障零部件：

车间检查确认者：

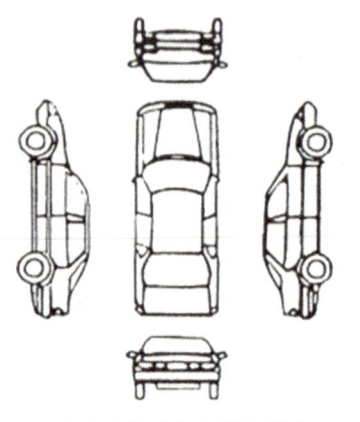

外观确认： （请在有缺陷部位做标识）	功能确认：（工作正常√　不正常×） ☑音响系统　☑门锁（防盗器）　☑全车灯光 ☑工具　☑后视镜　☑天窗　☑座椅 ☑点烟器　☑玻璃升降器　☑玻璃 物品确认：（有√　无×） 贵重物品提示 ☑工具　☑备胎 ☑灭火器　☑其他（　　　） 旧件是否交还用户 ☑是　□否 用户是否需要洗车 ☑是　□否

- 检测费说明：本次检测的故障，如用户在本店维修，检测费包含在修理费用内；如用户不在本店维修，请您支付检测费。本次检测费：×××元。
- 贵重物品：在将车辆交给我店检查修理前，已提示将车内贵重物品自行收起并保存好，如有遗失恕不负责。

接车员：王**　用户确认：贾**

一、自动变速器的分类

自动变速器是相对于手动变速器而言的，一种能够自动根据汽车车速和发动机转速来进行自动换档操纵的变速装置。不同汽车上装备的自动变速器在形式、结构和功能上有很大区别，其常见分类如下。

认识自动变速器

1. 按自动变速器的传动原理分类

自动变速器按照传动原理的不同，可分为液力自动变速器（AT，Automatic Transmission）、无级变速器（CVT，Continuously Variable Transmission）和双离合变速器（DCT，Double Clutch Transmission），如图2-3-1所示。其中，液力自动变速器是目前应用广泛、技术成熟、可靠稳定的一种自动变速器，由液力变矩器和行星齿轮变速器组合而成。

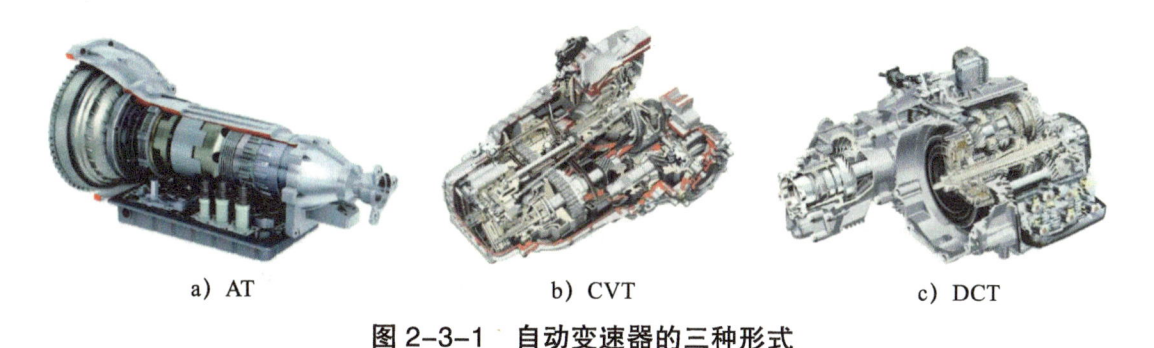

a) AT　　　　　　b) CVT　　　　　　c) DCT

图 2-3-1　自动变速器的三种形式

2. 按自动变速器驱动方式分类

自动变速器按照驱动方式的不同，可分为前驱动自动变速器和后驱动自动变速器。

3. 按自动变速器前进档档位数分类

自动变速器按照前进档的档位数的不同，可分为5个、6个、7个、8个、9个和10个前进档等。目前，汽车上所采用的自动变速器基本上都是5个或6个前进档，新型的高级乘用车采用7个、8个、9个或10个前进档。自动变速器的档位如图2-3-2所示。

图 2-3-2　自动变速器的档位

4. 按齿轮变速器的类型分类

自动变速器按照齿轮变速器的不同，可分为普通齿轮式自动变速器和行星齿轮式自动变速器。由于普通齿轮式自动变速器体积相对较大，最大传动比较小，只有少数车型采用。目前，绝大多数轿车采用的是行星齿轮式。

5. 按自动变速器控制方式分类

自动变速器按照控制方式的不同，可分为液压控制自动变速器和电子控制自动变速器。目前，电子控制自动变速器已成为主流。

二、电控液力自动变速器的结构

电控液力自动变速器主要由液力变矩器、行星齿轮变速器、液压控制系统、电子控制系统、冷却滤油装置等组成。

1. 液力变矩器

液力变矩器位于自动变速器的最前端，连接在发动机的飞轮上，其作用与采用手动变速器的汽车中的离合器相似，主要由泵轮、涡轮、单向离合器、导轮和变矩器壳体组成，如图 2-3-3 所示。液力变矩器利用油液循环流动过程中动能的变化将发动机的动力传递到自动变速器的输入轴，并根据汽车行驶阻力的变化，在一定范围内自动地、连续地改变传动比和转矩比，具有一定的降速增矩功能。

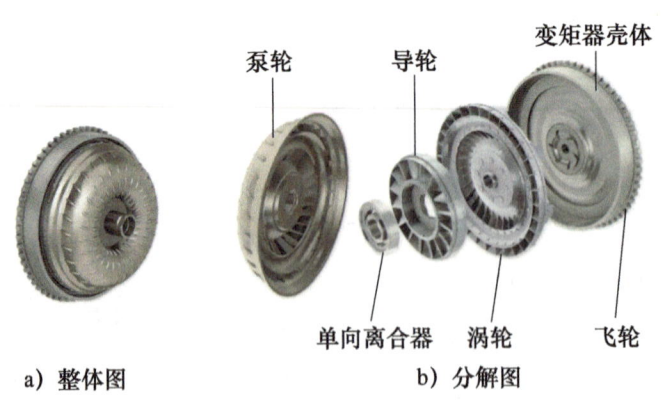

a) 整体图　　b) 分解图

图 2-3-3　液力变矩器结构

2. 行星齿轮变速器

行星齿轮变速器主要由行星齿轮机构和换档执行元件组成。

行星齿轮机构主要由太阳轮（也称中心轮）、齿圈、行星架和行星轮等元件组成。其作用是在液力变矩器的基础上将转矩增大2~4倍，以提高汽车的行驶适应能力，并实现倒档传动。按照太阳轮和齿圈之间的行星轮组属性的不同，行星齿轮机构可分为单级行星齿轮机构（图2-3-4）和双级行星齿轮机构（图2-3-5）。

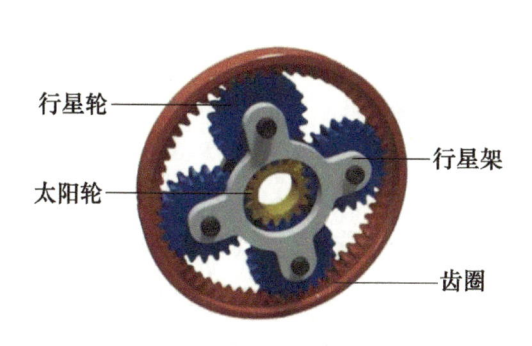

图2-3-4 单级行星齿轮机构示意图 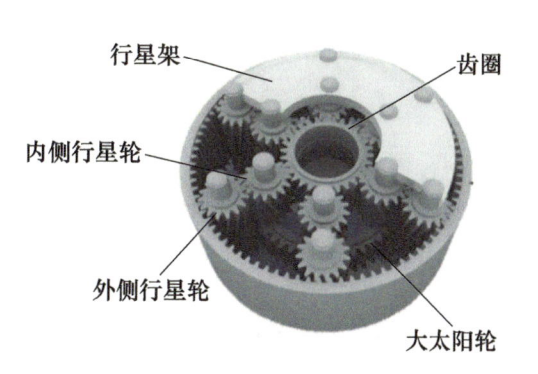　　图2-3-5 双级行星齿轮机构示意图

换档执行元件主要由离合器、制动器以及单向离合器组成，如图2-3-6所示，其作用是使行星齿轮机构处于不同的组合档位状态，以实现不同的传动比和传动方向。

a）离合器（片式）　　b）制动器（片式）　　c）单向离合器（滚柱式）

图2-3-6 换档执行元件

3. 液压控制系统

液压控制系统是由液压泵、各种控制阀及与之相连通的液压换档执行元件（如离合器、制动器油缸等）组成的液压控制回路，如图2-3-7所示，汽车行驶中根据驾驶人的要求和行驶条件的需要，控制离合器和制动器的工作状况来实现机械变速器的自动换档。

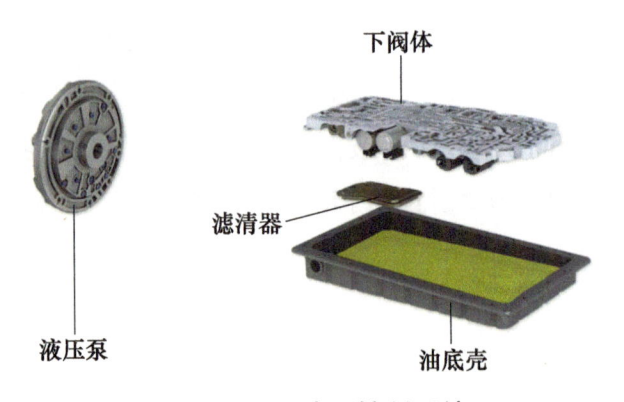

图 2-3-7　液压控制系统

4. 电子控制系统

电子控制系统主要由传感器、控制开关、电子控制单元（ECU）和执行机构组成，如图 2-3-8 所示。其作用是将自动变速器的各种控制信号输入 ECU，经 ECU 处理后发出指令，使液压控制系统中的各种电磁阀实现自动换档，并改善其使用性能。

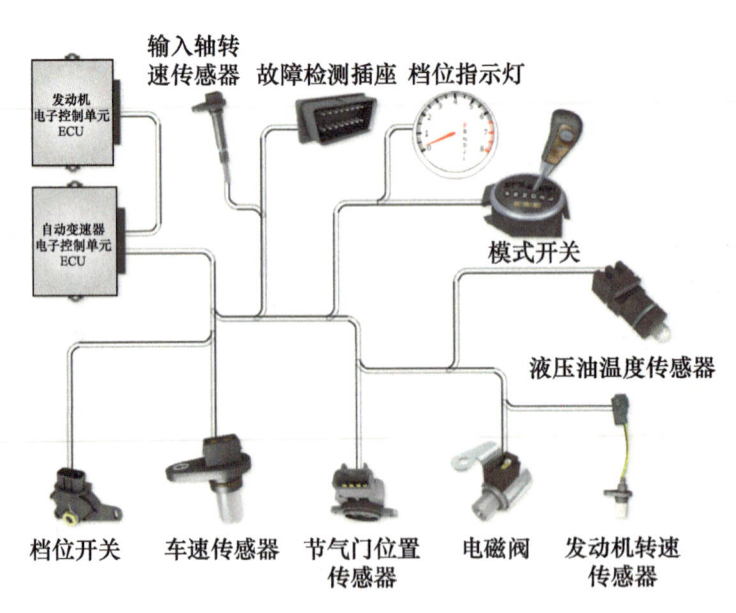

图 2-3-8　电子控制系统

5. 冷却滤油装置

冷却滤油装置主要包括油冷却器和滤油器。自动变速器油（ATF）在自动变速器工作过程中会因冲击、摩擦产生热量而使油温升高。油温升高将导致 ATF 黏度下降，传动效率降低，因此必须对 ATF 进行冷却，使油温保持在 80~90℃之间。ATF 是通过油冷却器与冷却液或空气进行热量交换的。自动变速器工作中各部件磨损产生的机械杂质，由滤油器从ATF中过滤分离出去，以减少机械磨损、液压油路堵塞和控制阀卡滞等。

三、电控液力自动变速器的工作原理

电控液力自动变速器利用各种传感器将发动机的转速、节气门开度、车速、发动机冷却液温度和自动变速器油（ATF）温度等参数信号传输给ECU，ECU根据这些信号按照设定的换档规律向换档电磁阀、油压电磁阀等发出控制信号，换档电磁阀和油压电磁阀将ECU的动作控制信号转变为液压控制信号，阀板中的各控制阀根据这些液压控制信号控制换档执行元件的动作，从而实现自动换档。电控液力自动变速器的基本工作原理如图2-3-9所示。

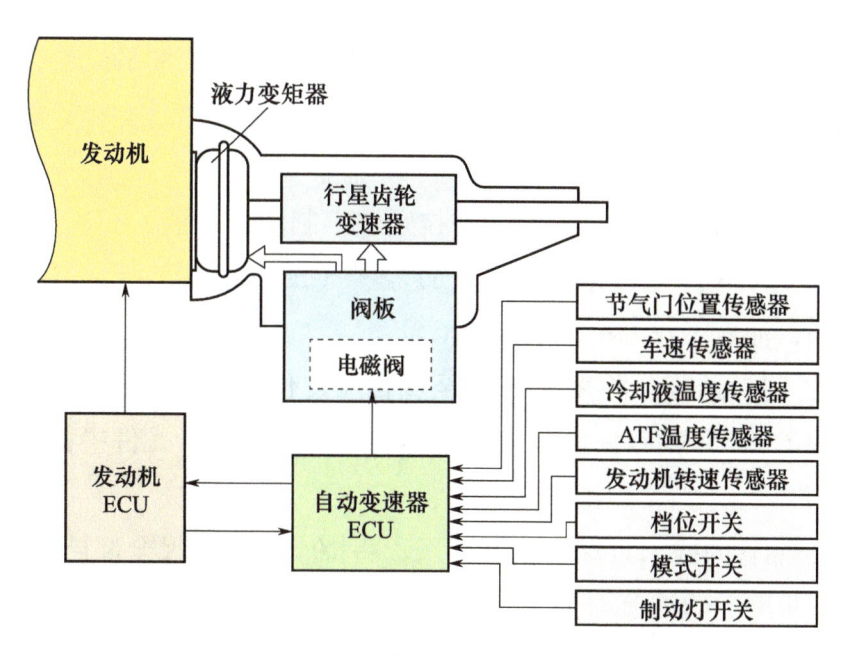

图 2-3-9 电控液力自动变速器的基本工作原理

四、电控液力自动变速器的分解注意事项

以2018款别克威朗自动档轿车为例：

1）在拆卸自动变速器前，应关闭汽车的点火开关，拆下蓄电池负极电缆，放掉自动变速器油，然后按步骤进行拆卸。

2）不允许戴线手套进行操作，避免线头等杂质落入油道造成油道堵塞。

3）一定要先拆掉飞轮与液力变矩器之间的连接螺栓，再拆下变速器与发动机的连接螺栓，否则，在取下变速器时液力变矩器仍然留在发动机飞轮上，非常容易将油泵齿轮弄碎。

4）在抬下自动变速器时，应扶住变矩器，以防止滑落。

5）分解自动变速器时，将所有零件、组件按顺序依次排放，便于检修和组装。要特别注意止推垫片、推力轴承的位置，不可错乱。

五、电控液力自动变速器的维修

以2018款别克威朗自动档轿车为例进行相关检查操作。

1. 变速器油位与油质的检查

ATF在使用过程中会有损耗，需定期检查油面高度。油面过低、过高都可能造成系统压力过低及排油不畅，使离合器与制动器接合、分离不彻底而严重影响自动变速器功能。自动变速器高温及机件磨损，易使油液变质并含有杂质，从而影响油液的润滑能力并可能造成油路阻塞，为此要定期对ATF进行检查。检查步骤如下：

1）将汽车停放在水平地面上，并拉紧驻车制动器手柄。

2）把变速杆置于驻车档（P位）或空档（N位），将发动机保持在怠速运转至少1min，油液工作温度为50~90℃。

3）踩住制动踏板，将变速杆拨至倒档（R位）、前进档（D位）等位置，并在每个档位上停留数秒，使液力变矩器和所有换档执行元件中都充满液压油，最后将变速杆拨至驻车档（P位）位置。

4）从加油管内拔出自动变速器油尺，将擦干净的油尺全部插入加油管后再拔出，检查油尺上的油迹对应的油面高度，如图2-3-10所示。若油面高度过低，应从加油管处添加合适的液压油，直至油面高度符合标准为止。

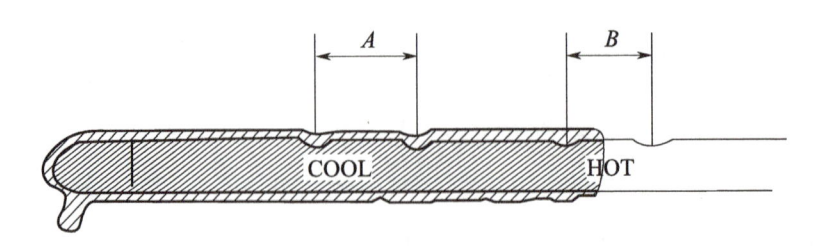

图2-3-10 自动变速器油面高度的检查

液压油油面高度的标准是：如果自动变速器处于冷态（即冷车刚刚起动，液压油的温度较低，为室温或低于25℃时），ATF油面高度应在油尺刻线的下限附近；如果自动变速器处于热态（如低速行驶 5min 以上，液压油温度已达 70~80℃），ATF 油面高度应在油尺刻线的上限附近。

5）继续运转发动机，检查自动变速器油底壳、油管接头等处有无漏油。如有漏油，应立即予以修复。

6）找出 ATF 油面不正常的原因，排除故障后调整油面至规定位置。

7）拔出油尺，观察油尺上的 ATF，应干净无杂质，颜色应接近原油颜色。

8）嗅一嗅油尺上的油液，不应有烧焦味。

9）在手指上点上少许油液，再用手指互相摩擦，不应有渣粒，应有一定的黏性。

10）记录检测结果，整理、清洁作业现场。

⚠ 思考 定期检查油质有什么样的好处？

2. 性能试验

（1）失速试验

失速试验是自动变速器在正常工作温度下，将其输出轴制动，检查变速器在前进档（D 位）、倒档（R 位）时发动机的最大转速。失速试验是检查发动机功率大小、液力变矩器性能好坏及自动变速器中有关换档执行元件的工作是否正常的一种常用方法。

在进行失速试验之前，应做好以下准备工作：

① 让汽车行驶至发动机和自动变速器均达到正常工作温度。

② 检查汽车的行车制动和驻车制动，确认其性能良好。

③ 检查自动变速器液压油高度，应正常。

失速试验的操作步骤如下：

1）选择一块宽敞平整的场地，停放车辆。

2）用驻车制动器或行车制动器将车轮抱死。

3）用三角木将 4 个车轮前、后均塞住，防止车辆窜动。

4）发动机起动后，踩下制动踏板，将变速杆挂到前进档（D 位）。

5）在踩住制动踏板的同时，逐渐踩下加速踏板，使节气门全开，当发动机转速达到某值而不再升高时，迅速记录此时的转速（失速测试转速），然后完全松开加速踏板，如图 2-3-11 所示。

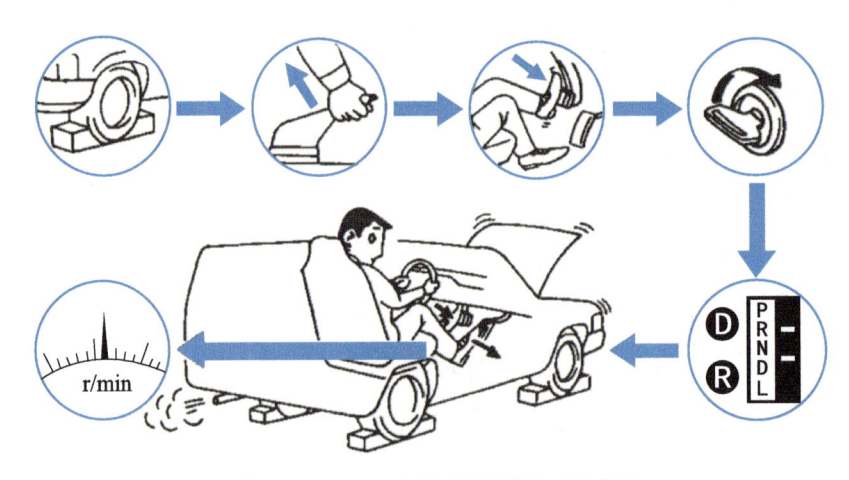

图 2-3-11　自动变速器失速试验

6）将变速杆置于空档（N 位），踩下加速踏板到发动机转速 1200r/min 左右并保持 1min，使液压油温度降至正常。

7）记录检测结果，整理、清洁作业现场。

（2）时滞试验

时滞试验是测出在发动机怠速运转时，变速杆由空档位置移动到前进档（D 位）、倒档（R 位）时执行器工作的迟滞时间。时滞试验可根据迟滞时间的长短来判断主油路油压及换档执行元件的工作是否正常。操作步骤如下：

1）让汽车行驶，使发动机和自动变速器达到正常工作温度。

2）将汽车停放在水平地面上，拉紧驻车制动器手柄。

3）检查发动机怠速。如果不正常，应按标准予以调整。

4）将变速杆从空档（N 位）拨至前进档（D 位），用秒表测量从拨动变速杆开始到感觉到汽车振动为止所需的时间，即 N→D 迟滞时间，如图 2-3-12 所示。正常情况下，自动变速器 N→D 迟滞时间应小于 1.0~1.2s。

5）将变速杆拨至空档（N 位），让发动机怠速运转 1min 之后，再重复做一次同样的试验。

6）做 3 次试验，取其平均值。

7）按照上述方法，将变速杆由空档（N 位）拨至倒档（R 位），以测量 N→R 迟滞时间，如图 2-3-12 所示。正常情况下，自动变速器 N→R 迟滞时间应小于 1.2~1.5s。

8）记录检测结果，整理、清洁作业现场。

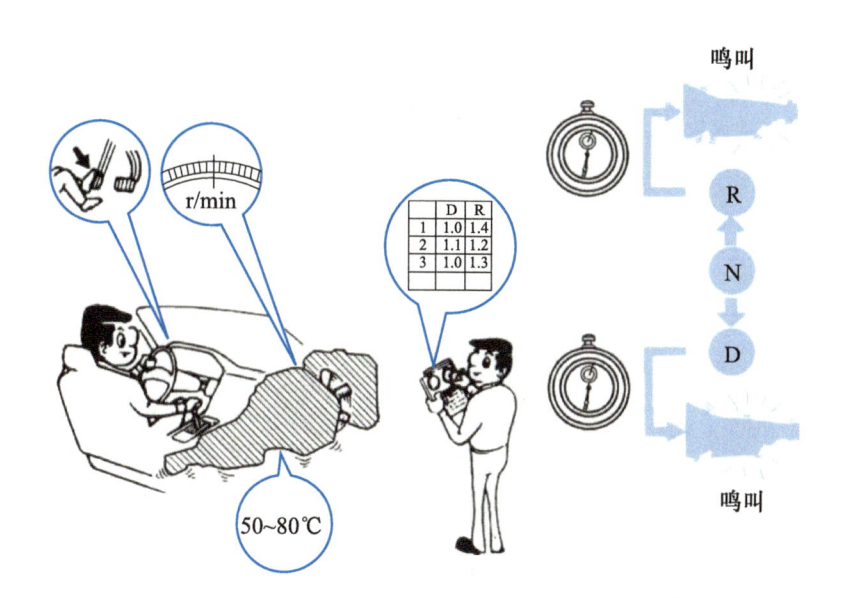

图 2-3-12　自动变速器时滞试验

（3）液压试验

液压试验是指自动变速器在一定的工作条件下，利用专用油压表检测相应控制管路的油压。其目的是检查液压控制系统各管路和元件是否漏油以及各元件（如液力变矩器等）是否工作正常，是判别故障在液压控制系统还是在机械系统的主要依据。

1）前进档主油路油压测试操作步骤。

① 拆下变速器壳体上主油路测压孔或前进档油路测压孔螺塞，接上油压表。

② 起动发动机，拉紧驻车制动器手柄，在油温正常（50~80℃）时进行试验，并用三角木将4个车轮前、后均塞住。

③ 将变速杆拨至前进档（D位）。

④ 读出发动机怠速运转时的油压，该油压即为怠速工况下的前进档主油路油压。

⑤ 用左脚踩紧制动踏板，同时用右脚将加速踏板完全踩下，在失速工况下读取油压。该油压即为失速工况下的前进档主油路油压。

⑥ 将变速杆拨至空档或驻车档，让发动机怠速运转1min以上。

⑦ 将变速杆拨至低速档（L位），重复①~⑥的步骤，读出各个前进低速档在怠速工况和失速工况下的主油路油压，如图2-3-13所示。

⑧ 记录检测结果，整理、清洁作业现场。

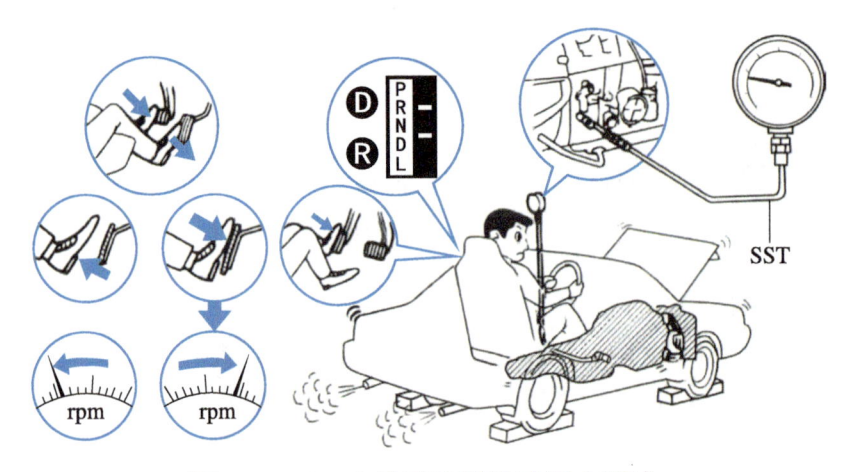

图 2-3-13　自动变速器油路压力测试

2) 倒档主油路油压测试操作步骤。

① 拆下自动变速器壳体上的主油路测压孔或倒档油路测压孔螺塞，接上油压表。

② 起动发动机。

③ 将变速杆拨至倒档（R 位）。

④ 在发动机怠速运转工况下读取油压，该油压即为怠速工况下的倒档主油路油压。

⑤ 用左脚踩紧制动踏板，同时用右脚将加速踏板完全踩下，在发动机失速工况下读取油压，该油压即为失速工况下的倒档主油路油压。

⑥ 将变速杆拨至空档（N 位），让发动机怠速运转 1min 以上。

⑦ 记录检测结果，整理、清洁作业现场。

（4）道路试验

道路试验的目的是验证失速试验、液压试验和时滞试验的结果，进一步确定故障的原因与部位，也是自动变速器维修后质量的验证。

1) 升档检查操作步骤。

① 将变速杆拨至前进档（D 位）。

② 踩下加速踏板。

③ 节气门保持在 1/2 开度左右。

④ 让汽车起步加速，检查自动变速器的升档情况。正常情况升档时，发动机转速瞬时下降，同时车身有轻微的撞动感。

⑤ 记录检测结果,整理、清洁作业现场。

2)升档车速检查操作步骤。

① 将变速杆拨至前进档(D位)。

② 踩下加速踏板。

③ 节气门保持在1/2开度左右。

④ 让汽车起步加速。

⑤ 当察觉到自动变速器升档时,记录升档车速,见表2-3-1。

⑥ 记录检测结果,整理、清洁作业现场。

表2-3-1 升档车速标准值

节气门开度	1~2档	2~3档	3~4档
50%	25~30km/h	55~70km/h	90~120km/h

3)升档时发动机转速的检查操作步骤。

① 将变速杆拨至前进档(D位)。

② 踩下加速踏板。

③ 节气门保持在1/2开度左右。

④ 让汽车起步加速。

⑤ 当察觉到自动变速器升档时,记下发动机转速表值,见表2-3-2。

⑥ 记录检测结果,整理、清洁作业现场。

表2-3-2 升档时发动机转速标准值

节气门开度	1~2档	2~3档	3~4档
50%	900r/min	2200r/min	3200r/min

4)换档质量检查操作步骤。

① 将变速杆拨至前进档(D位)。

② 踩下加速踏板。

③ 节气门保持在1/2开度左右。

④ 让汽车起步加速。

⑤ 当察觉到自动变速器升档时,感觉换档时有无冲击感。正常情况换档时,自动变速器有微弱的冲击感。

⑥ 记录检测结果,整理、清洁作业现场。

5）发动机制动检查操作步骤。

① 将变速杆拨至前进档位置。

② 在汽车以 2 档或 1 档行驶时，突然松开加速踏板，检查是否有发动机制动作用。正常情况下，突然松开加速踏板后，车速应立即随之下降。

③ 记录检测结果，整理、清洁作业现场。

6）强制降档功能的检查操作步骤。

① 将变速杆拨至前进档（D 位）。

② 保持节气门开度为 1/3 左右。

③ 以 2 档、3 档或超速档行驶。

④ 突然将加速踏板完全踩到底，检查自动变速器是否强制降低一个档位。正常情况在强制降档时，发动机转速会上升至 4000r/min 左右，并随着加速升档，转速逐渐下降。

⑤ 记录检测结果，整理、清洁作业现场。

> **思考** 为什么一定要进行道路试验？是否可以根据情况省略？

课程育人

中国是世界上最大的汽车市场，每年我国仅在自动变速器进口上就要花费 90 亿美元。变速器作为一项集机电液高度一体化的产品技术，长期以来被国外垄断，我国的汽车产业发展也因此遭受相当长时间的制约。

2013 年，首次搭载我国自主研发 8 档自动变速器的汽车正式亮相广州车展。这台名副其实的"中国制造"自动变速器，不仅使国外自动变速器单台降价 3000 元以上，也使得国内整车成本年降低上百亿元。而这一切的成功，都要归功于一位多年从事自动变速器研究的大学教授徐向阳及他领导的科研团队。

徐向阳曾经这样说："要想实现自动变速器的突破，实际上我们没有别的选择，只有靠自主创新，只有自己突破了，你才能够实现掌握汽车的这种核心技术，然后来提升整个汽车产业的创新能力"。

十多年来，质疑和压力伴随着徐向阳和他的团队，长期高强度的工作和心理压力，让他几度倒下。如今，他用行动回馈当年那些嘲讽他"痴人说梦"的人，也用结果向世界证明了"中国制造"的力量。

> **思考** 你还知道哪些"中国制造"品牌的故事？

巩固提升

一、选择题

1. 按照传动原理的不同，自动变速器可分为（　　）。
   A. 液力自动变速器 AT、无级变速器 CVT、双离合变速器 DCT
   B. 有级式变速器、无级式变速器、综合式变速器
   C. 液压控制自动变速器、电子控制自动变速器
   D. 手动变速器、自动变速器、综合式变速器

2. 自动变速器中用于换档的执行元件是（　　）。
   A. 离合器　　　　　　　　B. 制动器
   C. 单向离合器　　　　　　D. 以上都是

3. 下列关于 ATF 损耗会造成的后果，说法不正确的是（　　）。
   A. 可能造成系统压力过低及排油不畅
   B. 可能造成系统压力过高及排油不畅
   C. 可能使离合器与制动器接合不彻底
   D. 可能使离合器与制动器分离不彻底

4. 自动变速器 N→D 换档时滞时间应为（　　）。
   A. 1.0~1.2s　　　　　　　B. 0.6~0.8s
   C. 1.2~1.5s　　　　　　　D. 1.5~2.0s

5. 下列是为了测试各离合器、制动器的工作情况，并察看换档时机是否切合要求的试验的是（　　）。
   A. 液压试验　　　　　　　B. 失速试验
   C. 时滞试验　　　　　　　D. 道路试验

二、判断题

1. 自动变速器都是自动无级变速的。（　　）
2. 所有的自动变速器变速机构都采用行星齿轮机构。（　　）
3. 液力变矩器在确定范围内，能自动地、无级地变换传动比和转矩比。（　　）
4. 检查自动变速器油面高度时，发动机处于熄火状态。（　　）
5. 与手动变速器相比，自动变速器具有操作简便、燃油经济性好等优点。（　　）

学习任务四　万向传动装置的结构与维修

情景导入

客户贾先生驾驶一辆2018款别克威朗轿车，在转弯或加速时，汽车底部会发出咔嗒声。4S店维修技师检测及路试检查后，初步怀疑可能是由于车轮驱动轴外侧万向节磨损或损坏造成的。为了确定故障原因，需对驱动轴外侧万向节做进一步检测。作为汽车维修技师，请仔细查看服务顾问提供的接车问诊表，并针对故障进行后续处理。

接车问诊表

车牌号：黑A***** 　车架号：LSGBC******173001　行驶里程：60000（km）
用户名：贾**　电话：150****2112　来店时间：2022.9.1
用户陈述及故障发生时的状况：在转弯或加速时，汽车底部会发出咔嗒声
接车员检测确认建议：检查驱动轴外侧万向节
车间检测确认结果及主要故障零部件：
车间检查确认者：

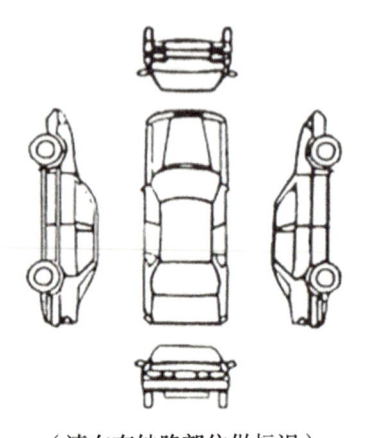

外观确认： （请在有缺陷部位做标识）	功能确认：（工作正常√　不正常×） ☑音响系统　☑门锁（防盗器）　☑全车灯光 ☑工具　☑后视镜　☑天窗　☑座椅 ☑点烟器　☑玻璃升降器　☑玻璃 物品确认：（有√　无×） 贵重物品提示 ☑工具　☑备胎 ☑灭火器　☑其他（　　　） 旧件是否交还用户 ☑是　□否 用户是否需要洗车 ☑是　□否

- 检测费说明：本次检测的故障，如用户在本店维修，检测费包含在修理费用内；如用户不在本店维修，请您支付检测费。本次检测费：×××元。
- 贵重物品：在将车辆交给我店检查修理前，已提示将车内贵重物品自行收起并保存好，如有遗失恕不负责。

接车员：王**　用户确认：贾**

一、万向传动装置的功用及结构

万向传动装置的功用是实现汽车上任何一对轴线相交且相对位置经常变化的转轴之间的动力传递,一般位于变速器与驱动桥之间,如图2-4-1所示。其结构主要包括万向节和传动轴,对于传动距离较远的分段式传动轴,为了提高其刚度,还设置有中间支撑,如图2-4-2所示。

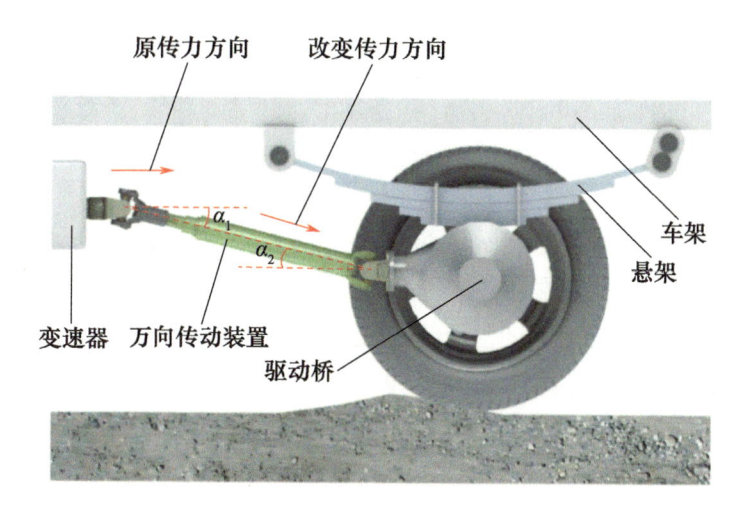

图 2-4-1 变速器与驱动桥之间的万向传动装置

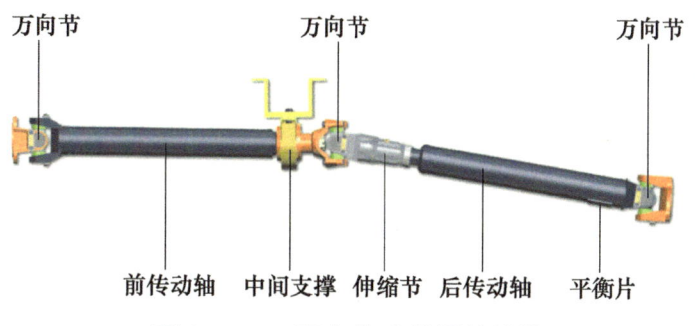

图 2-4-2 万向传动装置的结构

万向传动装置在汽车上的应用见表2-4-1。

表 2-4-1 万向传动装置在汽车上的应用

应用	说明	图示
前置发动机后轮驱动的汽车,位于变速器与驱动桥之间	一般情况下,汽车的变速器、离合器与发动机三者装合为一体,布置在车架上,驱动桥通过悬架与车架相连。在负荷变化及汽车在不平路面行驶时引起的跳动,会使驱动桥输入轴与变速器输出轴之间的夹角和距离发生变化,因此需安装万向传动装置	

（续）

应用	说明	图示
多桥驱动的汽车，位于变速器与分动器、分动器与驱动桥之间	为消除车架变形及制造、装配误差等引起的其轴线同轴度误差对动力传递的影响，需装有万向传动装置	
发动机前置前驱动的汽车，位于断开式驱动桥的半轴之间	主减速器壳在车架上是固定的，桥壳上下摆动，半轴是分段的，因此需用万向节	
位于转向驱动桥的内、外半轴之间	转向时两段半轴轴线相交且交角变化，因此要用万向节	
位于转向机构的转向轴和转向器之间	在它们之间安装万向传动装置有利于转向机构的总体布置	

二、万向节的功用、类型及结构

万向节是万向传动装置的重要组成，是一种用来连接两根具有一定夹角的转轴并传递动力的元件。万向节按扭转方向是否有明显的弹性，可分为刚性万向节和柔性万向节两类。前者靠刚性链式零件传递动力，弹性小；后者则是靠弹性元件传递动力，弹性较大，且具有缓冲减振作用。

刚性万向节按主动轴角速度和从动轴角速度是否相等又可分为不等速万向节（常用的为十字轴式万向节）、准等速万向节（常用的有双联式万向节和三销轴式万向节）和等速万向节（包括球叉式万向节和球笼式万向节等）。目前在汽车上应用较多的是十字轴式刚性万向节和等速万向节。

1. 不等速万向节

在发动机前置后轮驱动的传动系统中，变速器与驱动桥之间一般采用十字轴式刚性万向节。其结构如图2-4-3所示，主要由万向节叉、十字轴及滚针轴承等组成。

a) 整体图　　　　　　　　b) 分解图

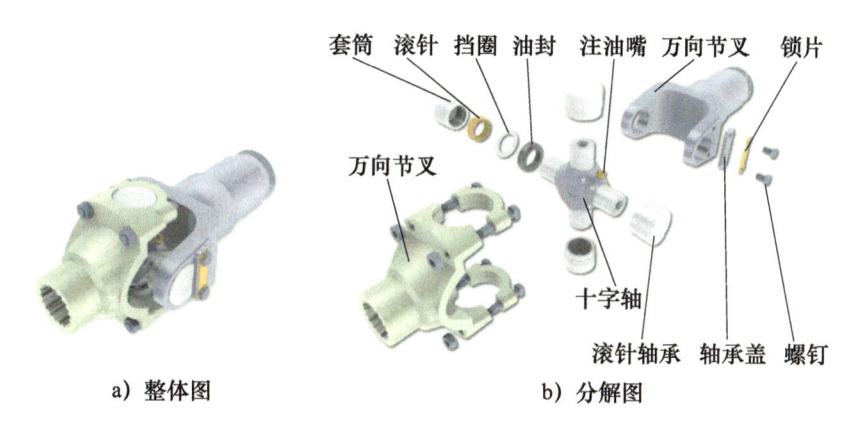

图 2-4-3　不等速万向节结构

普通十字轴式刚性万向节的优点是结构简单、工作可靠、传动效率高，允许相邻两轴的最大交角为 15°~20°；其缺点是单个十字轴式刚性万向节在运动中具有不等速特性，即当十字轴式万向节的主动叉等角速转动时，从动叉是不等角速转动的。不等速特性能够使从动轴及其相连的传动部件产生扭转振动，从而产生附加的交变载荷，影响部件寿命。

为消除上述影响，通常在汽车上均采用双十字轴式刚性万向节的传动方式，用传动轴连接两个十字轴式刚性万向节，利用第二个万向节的不等速效应来抵消第一个万向节的不等速效应，从而实现输入轴与输出轴等角速传动。但要达到这一目的，还必须满足两个条件：

① 第一万向节的从动节叉与第二万向节的主动节叉处于同一平面。

② 第一万向节两轴之间的夹角和第二万向节两轴之间的夹角相等，如图 2-4-4 所示。

图 2-4-4　双十字轴式万向节

2. 准等速万向节

准等速万向节实际上是在双十字轴式万向节的基础上改进而成的。因其只能近似地实现等速传动，所以称为准等速万向节。常见的类型有双联式和三销轴式两种。

(1) 双联式万向节

双联式万向节实际上是一套将传动轴长度缩减至最小的双十字轴式万向节等速传动装置，双联叉相当于传动轴及两端处在同一平面内的万向节叉，其结构如图 2-4-5 所示。

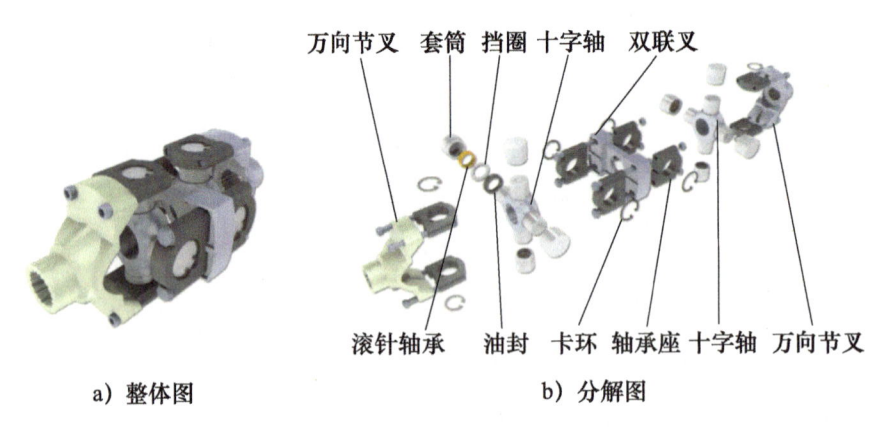

图 2-4-5 双联式万向节结构

双联式万向节的主要优点是能保证两轴间的夹角较大（一般可达 50°），轴承密封性好，效率高，工作可靠，制造方便；缺点是结构较复杂，外形尺寸较大。

(2) 三销轴式万向节

三销轴式万向节是由双联式万向节演变而来，主要由主、从动偏心轴叉，三销轴和油封等组成，如图 2-4-6 所示。

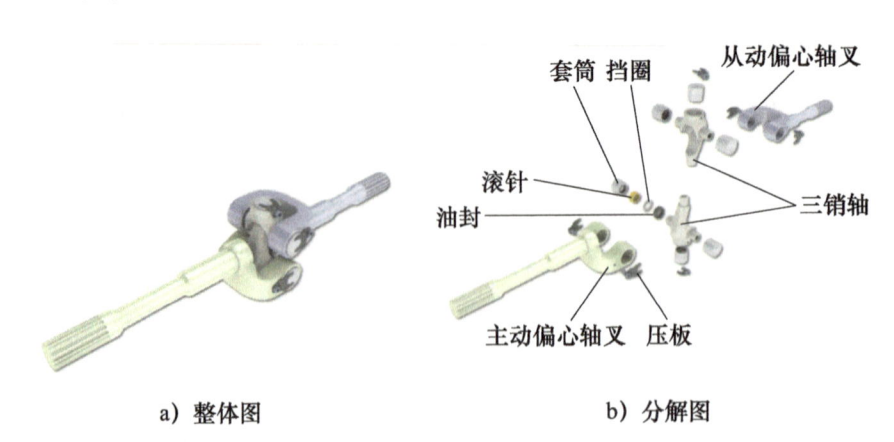

图 2-4-6 三销轴式万向节结构

三销轴式万向节的最大特点是允许相邻两轴有较大的夹角，最大可达45°，可以获得较小的转弯半径，以及较大的转向轮偏转角，从而提高汽车的机动性。这种结构目前仅用于个别中型或重型越野车的转向驱动桥。

3. 等速万向节

等速万向节能让两轴以始终相等的瞬时角速度传递动力，常见类型有球叉式和球笼式两种。

（1）球叉式万向节

球叉式万向节主要由主动叉、从动叉和4个传动钢球等组成，其主、从动叉分别与内、外半轴制成一体，如图2-4-7所示。

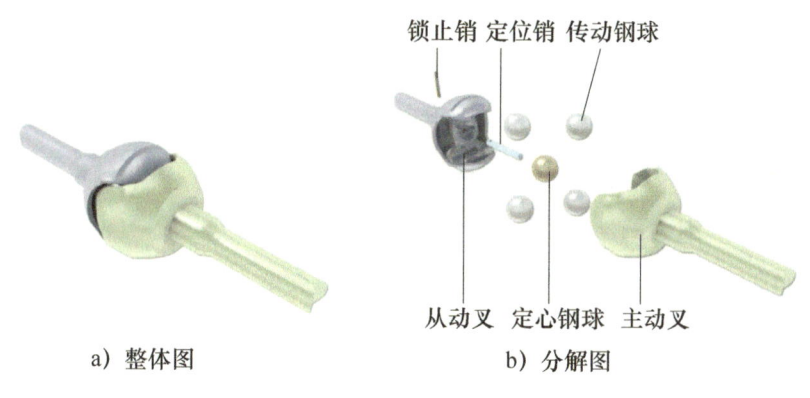

图2-4-7 球叉式万向节结构

球叉式万向节结构简单，允许轴间最大交角为32°~33°。但由于工作时只有2个传动钢球传力，而另2个钢球则在反转时传力，因此钢球与滚道之间的接触压力大，磨损快，影响其使用寿命，所以，球叉式万向节通常用于中小型越野汽车的转向驱动桥。

（2）球笼式万向节

球笼式万向节主要由球形壳、保持架、钢珠、星形套和橡胶护套（防尘罩）等组成，如图2-4-8所示。

球笼式万向节可以在两轴交角高达42°的情况下传递转矩。在工作时，无论传动方向如何，6个钢球全部参加传力。与球叉式万向节相比，球笼式万向节改善了受力状况，减轻了磨损，且结构紧凑，拆装方便，因此广泛应用在发动机前置、前轮驱动的断开式半轴上。

a）整体图　　　　　　　　　b）分解图

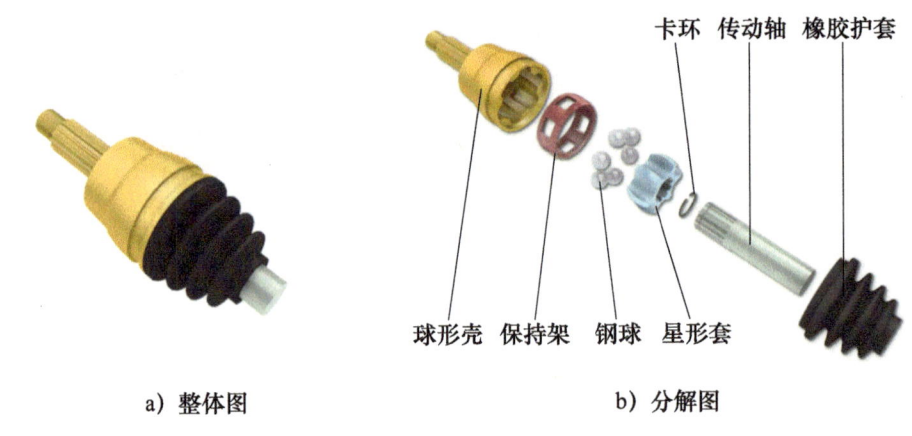

图 2-4-8　球笼式万向节结构

三、传动轴及中间支撑的功用与结构

1. 传动轴

传动轴是万向传动装置中的主要传力部件，其作用是用来连接变速器和驱动桥。汽车行驶过程中，变速器与驱动桥的相对位置经常变化，为避免运动干涉，传动轴上设有由伸缩套和花键轴组成的伸缩节，使传动轴的长度能随传动距离的变化而伸缩。传动轴两端的连接件装好后，应进行动平衡试验，在质量轻的一侧补焊平衡片，使其不平衡量不超过规定值。动平衡后，在滑动花键部分还制有箭头标记，以便重装时保持两者的相对位置不变，其结构如图 2-4-9 所示。

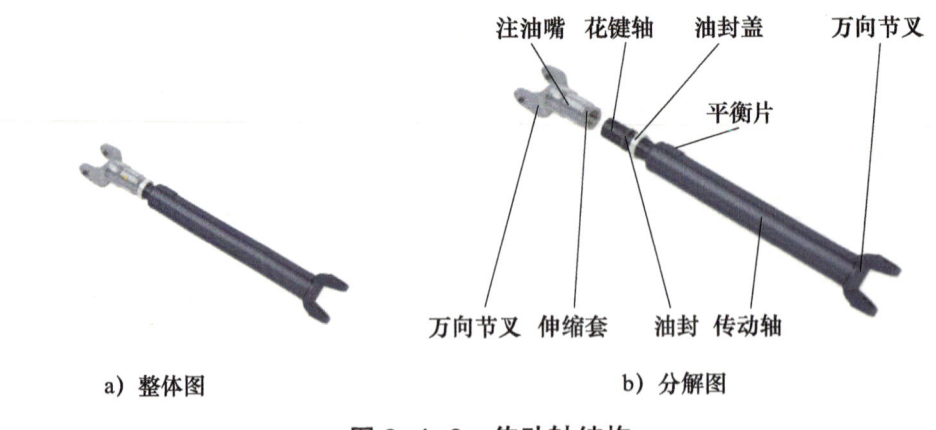

a）整体图　　　　　　　　　b）分解图

图 2-4-9　传动轴结构

传动轴有实心轴和空心轴之分。为了减轻传动轴的质量，节省材料，提高轴的强度、刚度，传动轴多为空心轴，一般用厚度为 1.5~3.0mm 的薄钢板卷焊而成，超重型货车则直接采用无缝钢管。转向驱动桥、断开式驱动桥或微型汽车的传动轴通常制成实心轴。

2. 中间支撑

传动轴分段时需要加中间支撑，中间支撑通常装在车架横梁上，它能补偿传动轴轴向和角度方向的安装误差，以及汽车行驶过程中因发动机窜动或车架变形引起的位移。其结构如图2-4-10所示，主要由轴承、轴承座、油封和橡胶支架等组成。

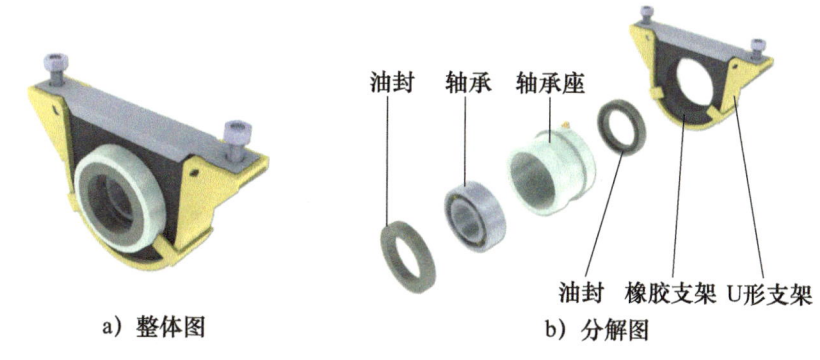

a）整体图　　　b）分解图

图2-4-10　中间支撑结构

四、万向传动装置的分解注意事项

以2018款别克威朗轿车为例：

1）总成解体前的检查。应检查总成上装配标记是否齐全、清晰。如果标记不齐全或不清晰，应在拆卸前做出清晰的标记。

2）因星形套与球形壳体是选配的，拆卸时注意将星形套与壳体成对放置，不允许互换。

3）安装传动轴伸缩节时应对正箭头安装，如无箭头，同一根传动轴两端万向节叉应在同一平面内。否则可能造成传动轴运转时振动或损坏。

4）所有钢球安装进球笼后，应保证运转自如无卡滞现象。

5）应保证运转过程中钢球不会从球笼中脱落。

五、万向传动装置的维修

以2018款别克威朗轿车为例进行相关检查操作。

1. 就车检查

1）用举升机将车举升到适合的高度，并落好安全锁。

2）目视检查传动轴是否凹陷和裂纹。

3）检查万向节叉凸缘连接螺栓和中间支撑支架的固定螺栓等是否松动，如松动应按规定的力矩（参考维修手册）拧紧。

4）用手大力晃动各个万向节看是否间隙过大，如间隙过大则需更换万向节。

5）用手晃动传动轴伸缩节看是否存在过度松旷，如过度松旷，则更换传动轴总成。

2. 传动轴的检修

传动轴的主要损伤形式有弯曲、凹陷或裂纹等，检修方法如下：

1）检查传动轴轴管是否有裂纹及严重的凹陷，如有，应更换传动轴。

2）检查传动轴是否弯曲变形，如有，应更换传动轴。

3）检查传动轴上的平衡片是否脱落，如脱落，应对传动轴重新进行动平衡校正。

4）检查传动轴伸缩节滑动是否灵活，摇晃时是否松旷，如松旷，应更换传动轴。

5）将传动轴两端放到 V 形架上，用磁性表座和百分表检测传动轴轴管的径向圆跳动，如图 2-4-11 所示。其径向圆跳动公差应符合表 2-4-2 的规定，否则应更换或校正传动轴。

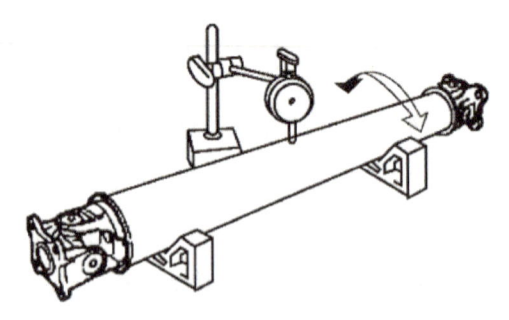

图 2-4-11　检测传动轴轴管的径向圆跳动

表 2-4-2　传动轴轴管的径向圆跳动公差　　　　　　　　　（单位：mm）

轴长	≤ 600	600~1000	>1000
径向圆跳动公差	0.40	0.60	0.80

3. 万向节的检修

万向节的主要损伤形式是磨损、锈蚀及松旷等，其检修方法如下：

1）检查球笼是否锈蚀（图 2-4-12），沟槽是否有严重的磨损（图 2-4-13），如有上述情况，应更换万向节。

图 2-4-12　球笼锈蚀　　　　图 2-4-13　沟槽磨损

2）检查钢球表面是否光滑，是否色泽明亮，如出现麻点、球面灰暗等情况，应更换万向节。

3）检查防尘罩是否完好无损，如出现破损（图 2-4-14），则应更换防尘罩。

图 2-4-14　防尘罩破损

⚠ 思考　万向节在传动系统中发挥着何种作用？如果不进行检修会发生什么后果？

4. 中间支撑的检修

中间支撑的常见损伤形式是橡胶老化和轴承磨损，其检修方法如下：

1）检查中间支撑轴承旋转是否灵活，油封和橡胶衬垫是否损坏，如有异常应更换中间支撑。

2）检查中间支撑轴承的松旷程度，分解后可进一步检查轴承的轴向和径向间隙是否符合原厂规定，如出现松旷或间隙不符合规定等情况，应更换中间支撑。

课程育人

20世纪70年代末80年代初，国内汽车工业还很落后，很多零部件都要依靠国外进口。1969年7月，一位来自浙江小乡村的24岁农家小伙带领6名村民，拿着4000元集资款，创办了一家农机厂。这位小伙原先的梦想是造轿车，但是在看到当时国内的汽车产业现状后，他决定以生产万向节为突破口，不仅要满足国内需求，还要将国产万向节远销到国外去。

如今，这个小厂已经成长为国家520户重点企业和国务院120家试点企业集团之一。这家资产近百亿，员工13000多名，拥有国家级技术中心、国家级实验室、博士后科研工作站的大型企业就是万向集团，而这艘"造梦大船"的掌舵人就是鲁冠球。

经过鲁冠球的努力，万向集团在他的带领下叩开了通用公司的大门，成为国内第一个为美国通用汽车公司提供零部件的原始设备制造商。如今，鲁冠球精神依然指引着万向这艘大船的航向。作为第一家拥有国家级技术中心的乡镇企业，万向集团依然在自主创新的道路上不断探索前行，脚踏实地，与时俱进，在业内始终处于领导潮流的地位，是中国民族品牌的先锋代表。

思考 万向集团从乡镇小厂发展成为集团化公司靠的是什么？

巩固提升

一、选择题

1. 下列不属于万向传动装置应用范围的是（　　）。
   A. 用于前置发动机及后轮驱动的汽车
   B. 用于四轮驱动的越野车

C. 用于转向驱动的半轴

D. 用于制动系统的操纵机构

2. 下列关于万向节的描述，不正确的是（　　）。

　　A. 万向节可以实现角度变化时的两传动轴之间的动力传递

　　B. 刚性万向节的动力靠零件的铰链式连接传递，并且具有缓冲作用

　　C. 现代汽车上大部分应用刚性万向节

　　D. 万向节可分为挠性万向节和刚性万向节

3. 常用的不等速万向节是（　　）。

　　A. 球叉式万向节　　　　　B. 三销轴式万向节

　　C. 十字轴式刚性万向节　　D. 球笼式万向节

4. （　　）是万向传动装置中的主要传力部件。

　　A. 传动轴　　　　　　　　B. 悬架

　　C. 前桥　　　　　　　　　D. 离合器

5. 为了减轻传动轴的重量，节省材料，提高轴的强度、刚度，传动轴多为（　　）。

　　A. 实心轴　　　　　　　　B. 空心轴

　　C. 传动轴　　　　　　　　D. 半轴

二、判断题

1. 万向传动装置的主要结构是万向节和传动轴，对于传动距离较远的分段式传动轴，为了提高其刚度，还设置有中间支撑。（　　）

2. 球笼式万向节属于准等速万向节。（　　）

3. 汽车行驶过程中，传动轴的长度可以自由变化。（　　）

4. 三销轴式万向节是由双联式万向节演变而来的，主要由主、从动偏心轴叉、三销轴和密封件等组成。（　　）

5. 球叉式万向节的传力钢球数比球笼式万向节多，因此承载能力强、耐磨、使用寿命长。（　　）

学习任务五 驱动桥的结构与维修

情景导入

客户贾先生驾驶一辆2018款别克威朗轿车，当车辆直行时，底部有轻微的"嗡、嗡"声传出；车辆转弯时，则发出"咔、咔"的异响声，而且响声十分清晰。4S店维修技师检测及路试检查后，初步怀疑可能是缺齿轮油造成差速器故障。为了确定故障原因，需对差速器做进一步检测。作为汽车维修技师，请仔细查看服务顾问提供的接车问诊表，并针对故障进行后续处理。

接车问诊表

车牌号：黑A***** 车架号：LSGBC*****173002 行驶里程：60000（km）	
用户名：贾** 电话：150****2112 来店时间：2022.9.1	
用户陈述及故障发生时的状况：当车辆直行时，底部有轻微的"嗡、嗡"声传出；车辆转弯时，则发出"咔、咔"的异响声，而且响声十分清晰	
接车员检测确认建议：检查差速器	
车间检测确认结果及主要故障零部件：	
车间检查确认者：	

外观确认： 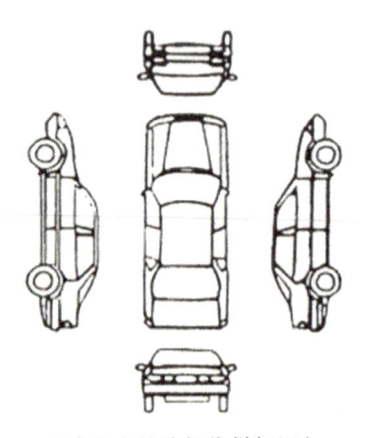	功能确认：（工作正常√ 不正常×） ☑音响系统 ☑门锁（防盗器） ☑全车灯光 ☑工具 ☑后视镜 ☑天窗 ☑座椅 ☑点烟器 ☑玻璃升降器 ☑玻璃
	物品确认：（有√无×）
（请在有缺陷部位做标识）	贵重物品提示 ☑工具 ☑备胎 ☑灭火器 ☑其他（ ） 旧件是否交还用户 ☑是 □否 用户是否需要洗车 ☑是 □否

- 检测费说明：本次检测的故障，如用户在本店维修，检测费包含在修理费用内；如用户不在本店维修，请您支付检测费。本次检测费：×××元。
- 贵重物品：在将车辆交给我店检查修理前，已提示将车内贵重物品自行收起并保存好，如有遗失恕不负责。

接车员：王** 用户确认：贾**

一、驱动桥的功用及结构

驱动桥是传动系统中的最后一个总成，其功用是将万向传动装置传来的发动机转矩传给驱动车轮，实现降速增矩，改变动力传动方向，使汽车能够行驶，并且允许左右驱动车轮以不同的转速旋转。驱动桥的结构一般包括主减速器、差速器、半轴、驱动桥壳等，如图 2-5-1 所示。

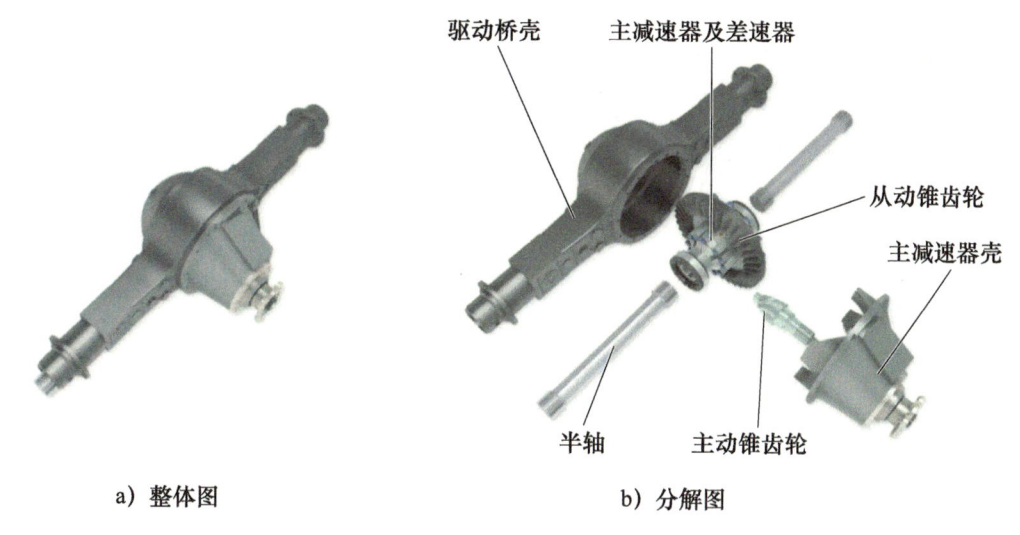

a）整体图　　　　　　b）分解图

图 2-5-1　驱动桥结构

按照结构形式的不同，驱动桥可以分为非断开式驱动桥（又称为整体式驱动桥）和断开式驱动桥两种。

1. 整体式驱动桥

整体式驱动桥结构如图 2-5-2 所示，它与非独立悬架配用。其驱动桥壳为一刚性的整体，驱动桥两端通过悬架与车架或车身连接，左右半轴始终在一条直线上，即左右驱动轮不能相互独立地跳动。当某一侧车轮通过地面的凸出物或凹坑升高或下降时，整个驱动桥及车身都要随之发生倾斜，车身波动大。

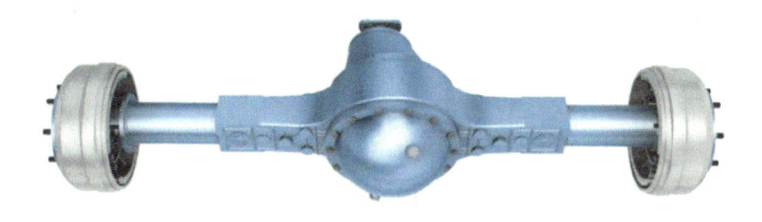

图 2-5-2　整体式驱动桥结构

整体式驱动桥由于结构简单、造价低廉、工作可靠，被广泛应用在各种载货商用车、客车和公共商用车上，在多数的越野商用车和部分轿车上也采用这种结构。

2. 断开式驱动桥

断开式驱动桥结构如图 2-5-3 所示，它与独立悬架配用。其主减速器固定在车架或车身上，驱动桥壳制成分段并用铰链连接，半轴也分段并用万向节连接。驱动桥两端分别用悬架与车架或车身连接。这样，两侧驱动车轮及桥壳可以彼此独立地相对于车架或车身上下跳动。

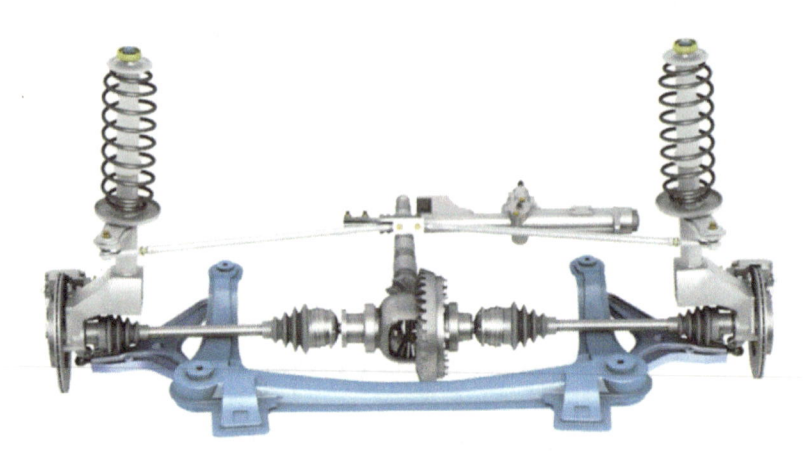

图 2-5-3　断开式驱动桥结构

断开式驱动桥能够大幅度提高汽车行驶的平顺性和通过性，广泛用在轿车和越野汽车上。

二、主减速器的功用、类型及结构

主减速器的功用是降低传动轴输入的转速、增大转矩，对于发动机纵置的汽车还将改变力矩的传递方向。为了满足不同的使用要求，主减速器结构形式也有所不同。按照减速传动齿轮副数目分，有单级式主减速器和双级式主减速器；按照主减速器传动比档数分，有单速式和双速式；按照齿轮副的结构形式分，有圆柱齿轮式（又可分为定轴齿轮系统和行星齿轮系统）主减速器和锥齿轮式（又可分为弧齿锥齿轮式和双曲面锥齿轮式）主减速器。

下面针对单级主减速器和双级减速器进行简单介绍。

1. 单级主减速器

单级主减速器结构简单、重量小、体积小、传动效率高，广泛应用于轿车及中型以下客货车。在发动机纵向布置的汽车上，由于需要改变动力传递方向（一般为90°），单级主减速器都采用一对螺旋或双曲面锥齿轮传动，其结构如图2-5-4所示。

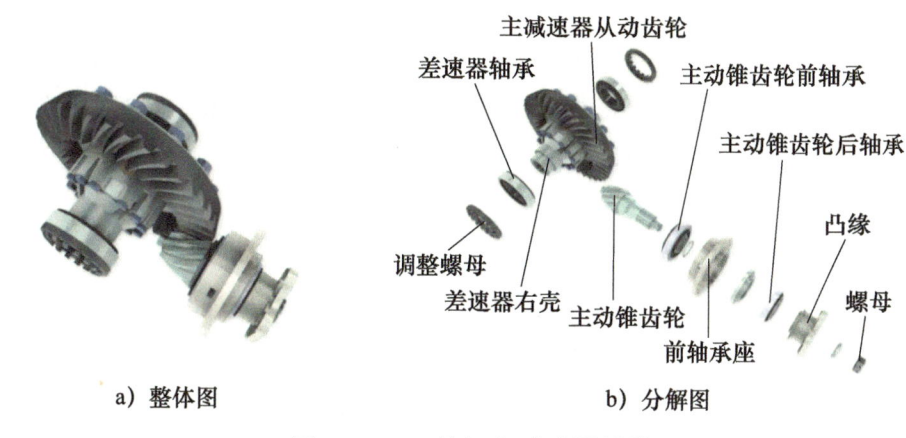

图 2-5-4 单级主减速器结构

2. 双级主减速器

一些载重较大的中型或重型汽车，要求其具备较大的减速比，如果用单级主减速器传动，则从动齿轮的直径就必须增大，进而影响驱动桥的离地间隙。因此，这时候需要采用具有两组减速齿轮，能够实现两次降速增矩的双级主减速器。双级主减速器结构如图2-5-5所示，主要由两对常啮合的齿轮组成，其中一对为锥齿轮，另一对为圆柱斜齿轮。

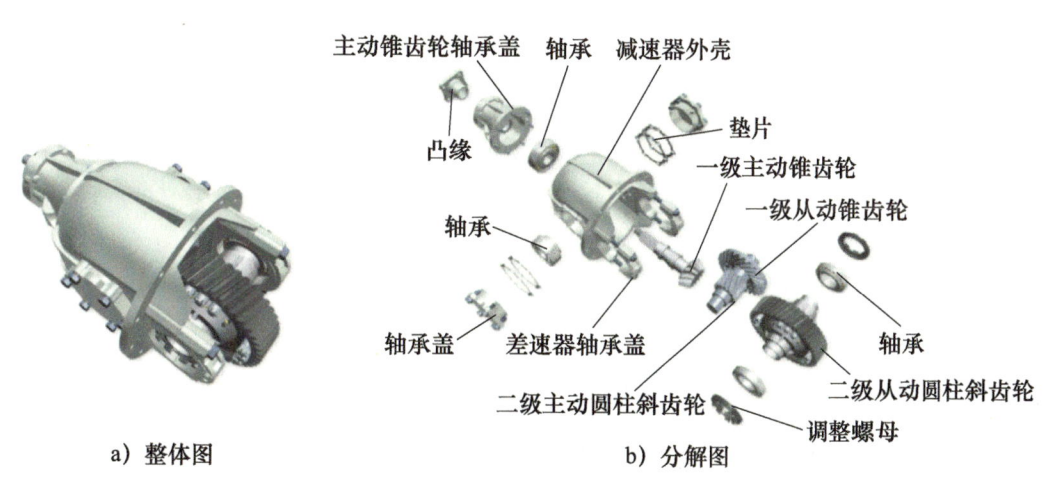

图 2-5-5 双级主减速器结构

三、差速器的功用、类型及结构

差速器的功用是将主减速器传来的动力传给左右两半轴，并在必要时允许左右半轴以不同的转速旋转，使左、右驱动车轮相对于地面纯滚动而不是滑动。按其工作特性均可分为普通齿轮式差速器和防滑差速器两大类。

1. 普通齿轮式差速器

普通齿轮式差速器有行星锥齿轮式和柱齿轮式两种，锥齿轮差速器结构简单、紧凑、工作平稳，因此目前应用最为广泛。行星锥齿轮差速器结构如图 2-5-6 所示，主要由差速器壳体、行星轮、半轴齿轮、行星轮轴等组成。

a）整体图

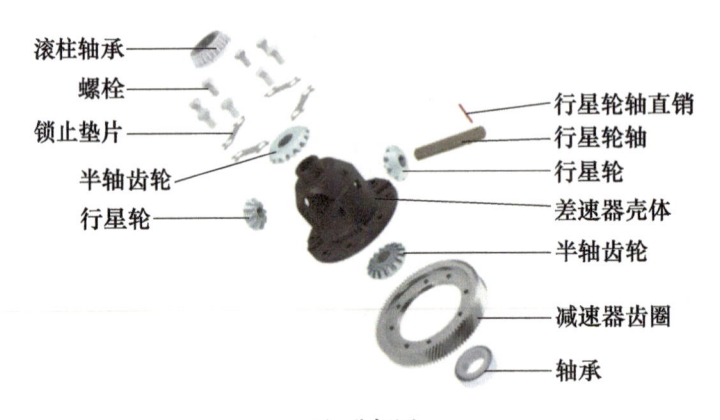

b）分解图

图 2-5-6 行星锥齿轮差速器结构

当汽车直线行驶时，两侧驱动轮受到的阻力相同，行星轮只随半轴齿轮公转，两半轴无转速差，两侧驱动轮以相同的速度转动，如图 2-5-7a 所示。当汽车转弯行驶时，两侧驱动轮受到的阻力不同（内侧所受阻力大，外侧所受阻力小），行星轮绕半轴齿轮公转的同时，自身还会自转，使得阻力大的一侧驱动轮转速小于阻力小的一侧驱动轮转速，从而保证汽车顺利转弯，如图 2-5-7b 所示。

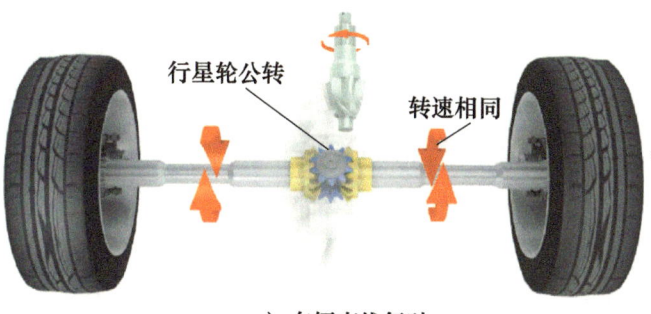

a) 车辆直线行驶

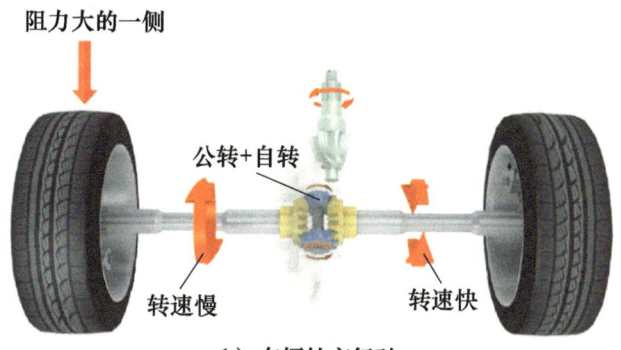

b) 车辆转弯行驶

图 2-5-7 差速器工作原理

2. 防滑差速器

普通齿轮式差速器使汽车通过坏路的行驶能力受到限制，如当一个驱动车轮接触到泥泞或冰雪路面时，即使另一驱动车轮是在附着力较好的路面上，汽车往往也不能行驶。因此为了提高汽车的通过能力，某些越野汽车、高级轿车和轻型汽车上装用了防滑差速器。常用防滑差速器可分为人工强制锁止式（图 2-5-8a）和自锁式（图 2-5-8b）两大类。

a) 人工强制锁止式　　　　b) 自锁式

图 2-5-8 防滑差速器

四、半轴的功用、类型及结构

半轴的功用是将差速器传来的动力传给驱动轮,因其传递的转矩较大,通常都制成实心轴。半轴的结构因驱动桥结构形式的不同而有所区别。整体式驱动桥中的半轴为一刚性整轴,如货车半轴(图2-5-9a);而转向驱动桥和断开式驱动桥中的半轴则是分段的,并用万向节连接,如轿车半轴(图2-5-9b)。

a)货车半轴(后驱)　　　　b)轿车半轴(前驱)

图2-5-9 半轴结构

半轴与驱动轮的轮毂在桥壳上的支撑形式决定了半轴的受力状况,现代汽车基本上采用全浮式半轴支撑和半浮式半轴支撑两种形式。

1. 全浮式半轴支撑

全浮式半轴支撑广泛应用于各种类型的货车上。如图2-5-10所示,这种半轴支撑形式中,半轴与桥壳没有直接联系,半轴只在两端承受转矩,不承受其他任何反力和弯矩,所以称为全浮式半轴支撑。

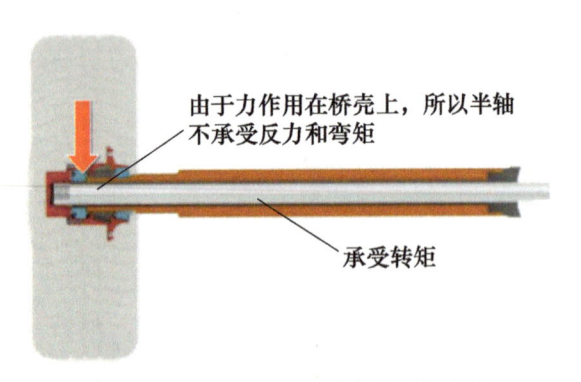

图2-5-10 全浮式半轴支撑结构

全浮式半轴支撑便于拆装,只需拧下半轴凸缘上的轮毂螺栓,即可将半轴抽出,而车轮和桥壳照样能支撑住汽车。

2. 半浮式半轴支撑

如图2-5-11所示,半浮式半轴外端不仅要传递转矩,还要承受各种反力和弯矩，半轴内端与全浮式的一样，不承受弯矩，故称这种支撑形式为半浮式半轴支撑。

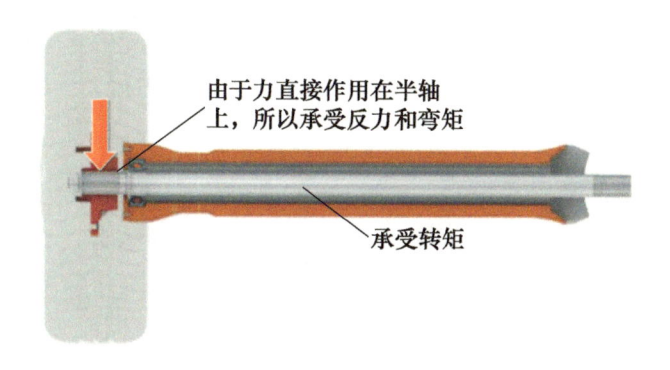

图 2-5-11 半浮式半轴支撑结构

半浮式半轴支撑的缺点是拆装麻烦，且汽车行驶中若半轴折断则易造成车轮飞脱的危险。但它的支撑结构简单、成本低，因而被广泛应用于轿车及微、轻型汽车上。

五、驱动桥壳的功用、类型及结构

驱动桥壳既是传动系统的组成部分，也是行驶系统的组成部分，其功用是用来安装主减速器、差速器和半轴以及悬架或轮毂，与从动桥一起支撑汽车悬架以上各部分重量，承受驱动轮传来的各种反力和力矩，并在驱动轮和悬架之间传力。因此，驱动桥壳应具有足够的强度和刚度，重量要小，便于主减速器的拆装和调整。驱动桥壳从结构上可分为整体式桥壳和分段式桥壳两类。

1. 整体式桥壳

整体式桥壳结构如图 2-5-12 所示，其中部为一环形空心壳体，即主减速器壳，用于安装主减速器和差速器；两端为半轴套管，用来安装半轴。桥壳后盖上装有检查油面用的螺塞。整体式桥壳因强度和刚度性能好，便于主减速器的安装、调整和维修，从而得到广泛应用。

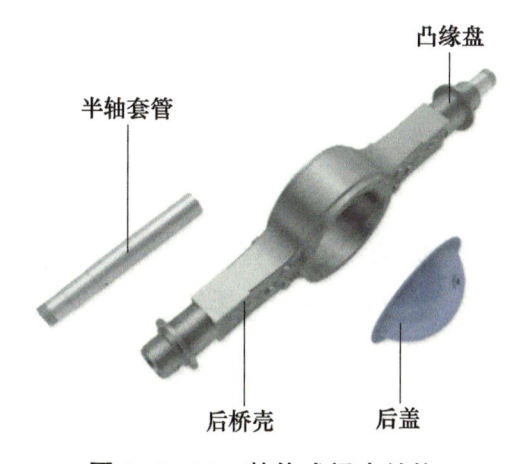

图 2-5-12 整体式桥壳结构

2. 分段式桥壳

分段式桥壳结构如图 2-5-13 所示，一般由两段桥壳组成，中间用螺栓连成一体。分段式桥壳铸造加工简便，但维修、维护十分麻烦。当拆检主减速器时，必须把整个驱动桥从汽车上拆卸下来，目前已很少采用。

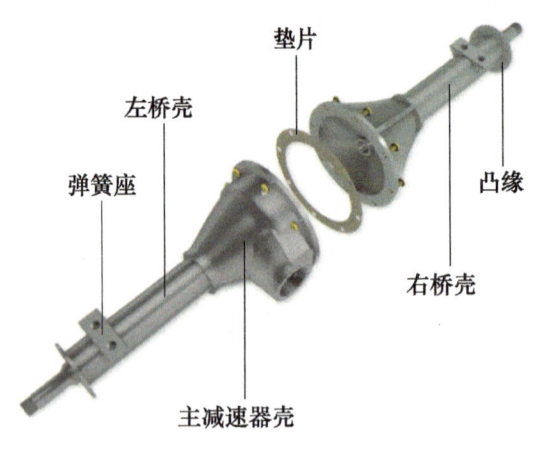

图 2-5-13　分段式桥壳结构

六、主减速器、差速器的分解注意事项

以 2018 款别克威朗自动档轿车为例：

1）从动锥齿轮的紧固螺栓是自动锁紧的，一经拆卸就必须更换。

2）当更换差速器轴承时，轴承外座圈需一起更换，同时必须计算出从动齿轮调整垫片的厚度。

3）安装前，应在行星轮和半轴齿轮配合的工作表面上涂以润滑油。

4）安装差速器轴承内环时，应用压力机平稳地压入内环，不得用锤子敲击，以免损伤轴承的工作表面或刮伤轴颈表面而破坏配合性质。

七、驱动桥的维修

以 2018 款别克威朗轿车为例进行相关检查操作。

在汽车行驶过程中驱动桥的受力情况复杂，由于它处于动力的最终传动位置，各部件所受到的力远远大于传动系统的其他部件。以前轮作为驱动轮的汽车，半轴暴露在外，轴颈的密封、防尘都显得尤其重要。因此，驱动桥的技术状态应及时进行检查，配合间隙应及时进行调整，故障应及时排除。

1. 齿轮油的更换

主减速器和差速器在高温高速运转中因磨损而产生的金属碎屑，需要通过更换齿轮油液排出，如果齿轮油超期使用会加速磨损，同时齿轮油在高温中也会产生油泥、黏度增大、润滑和散热性能下降、保护性能下降等情况。齿轮油更换方法如下：

1）用扳手拆下放油螺塞。

2）为方便放油，加油螺塞也拆下。

3）安装放油螺塞，观察旧油是否变质、污染，如果有变质污染的情况，要进行相应地检修。

4）加注齿轮油，一直到油倒流为止。

5）安装加油螺塞。

2. 主减速器的检查与调整

（1）主减速器的检查

1）检查主减速器主、从动齿轮是否有刮伤、裂纹。如有，则必须更换主减速器主、从动齿轮。

2）检查主减速器从动齿轮齿隙。选用百分表触头垂直抵住从动锥齿轮轮齿大端凸面，对圆周均匀分布的不少于3个齿进行测量啮合间隙（标准值：0.13~0.18mm），如齿隙超过规定，应调整差速器侧向轴承预紧力。

（2）主减速器的调整

1）轴承预紧度的调整。主动锥齿轮轴承预紧度由调整垫片来调整。增加垫片的厚度，轴承预紧度减小；反之，轴承预紧度增加。从动锥齿轮（差速器壳）轴承预紧度则是通过拧动两侧的轴承调整螺母来调整的。拧入调整螺母，轴承预紧度增加；反之，轴承预紧度减小。

2）锥齿轮啮合的调整。锥齿轮啮合的调整是指齿面啮合印痕和齿侧啮合间隙的调整。

① 齿面啮合印痕的调整。先检查齿面啮合印痕，在主动锥齿轮上相隔120°的3处用红丹油在齿的正反面各涂2~3个齿，再用手对从动锥齿轮稍施加阻力并正、反向各转动主动锥齿轮数圈，观察从动锥齿轮上的啮合印痕。正确的啮合印痕如图2-5-14所示，应位于齿高的中间偏小端，并占齿宽60%以上。

a）正转工作时　　　　　　　　b）逆转工作时

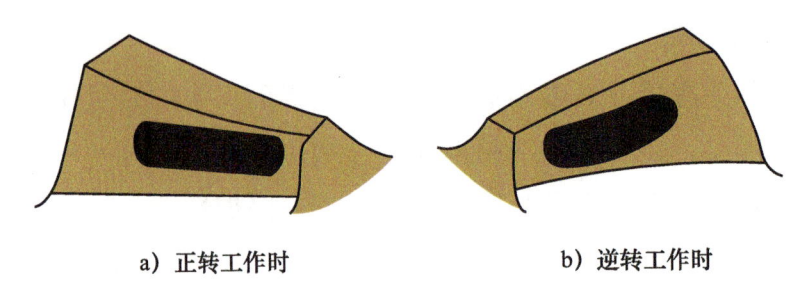

图 2-5-14　正确的啮合印痕

如果啮合印痕位置不正确，应进行调整，方法是移动主动锥齿轮。增加调整垫片的厚度，使主动锥齿轮前移；反之，则后移。

② 齿侧啮合间隙的调整。调整啮合印痕移动主动锥齿轮后，主、从动锥齿轮的啮合间隙会发生变化。啮合间隙的检查：将百分表抵在从动锥齿轮正面的大端处，用手把住主动锥齿轮，然后轻轻地往复摆转从动锥齿轮即可显示间隙值（使用极限 1.00mm）。

如果啮合间隙不符合要求，需要进行调整，方法是移动从动锥齿轮，从动锥齿轮远离主动锥齿轮时间隙变大，反之，则变小。移动从动锥齿轮的方法是将一侧的轴承调整螺母旋入几圈，另一侧就旋出几圈。

3. 差速器的检查

1）检查差速器壳。差速器壳应无裂损，壳体与行星轮、半轴齿轮垫片的接触面应光滑无沟槽。

2）检查差速器半轴齿轮齿隙。将差速器行星齿轮装配至差速器壳侧，用百分表测量前差速器半轴齿轮齿隙（标准值：0.05~0.20mm），如图 2-5-15 所示，如果齿隙超出规定范围，更换半轴齿轮止推垫圈。

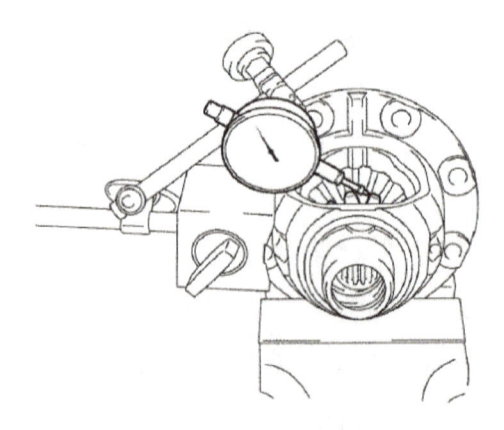

图 2-5-15　检查差速器半轴齿轮齿隙

⚠ **思考** 如果不对差速器进行调整，会存在怎样的隐患？

4. 半轴的检修

1）半轴应进行探伤检查，不得有任何形式的裂纹存在，如有，应更换。
2）半轴花键应无明显的扭转变形，如有，应更换。
3）半轴花键的侧隙增大量较原厂规定不得大于0.15mm。

5. 桥壳的检修

1）桥壳和半轴套管不允许有裂纹存在，半轴套管应进行探伤处理。各部位螺纹损伤不得超过2牙。
2）钢板弹簧座定位孔的磨损不得大于1.5mm，超限时先进行补焊，然后按原位置重新钻孔。
3）滚动轴承与桥壳的配合应符合原厂规定。

课程育人

2021年11月12日，欧洲最受关注的汽车行业奖项之一的"金舵奖"评选结果出炉，作为全球性的汽车及工业产品供应商，舍弗勒集团凭借创新的二合一电驱动桥荣获该奖项。

舍弗勒集团二合一驱动桥集减速器及永磁同步电机于一体，且具备高功率密度和低噪声的优点。基于模块化设计的理念，该驱动桥不仅能够满足不同汽车的性能要求，且能适配与混动、纯电动等不同车辆平台的应用。不仅如此，其新推出的三合一电桥，集电控、电机和减速器为一体，在二合一电桥的基础上，又迈进了一步，同样备受行业瞩目。

舍弗勒集团自创建以来始终坚持开拓创新，在2020年就已注册专利1900多项，是德国第二大最具创新力的公司。电驱动事业部总裁约亨·施罗德博士表示："我为我们的团队感到骄傲，感谢他们每一个人的辛勤付出。我们的团队充满激情，积极投入，致力于为汽车行业开发面向未来的创新产品解决方案。这些解决方案具有高度的集成性和可扩展性，并采用模块化设计。舍弗勒对质量的承诺，对复杂系统的理解，以及在生产系统和技术方面的专业知识是我们强有力的竞争优势。这意味着我们能够以极具成本效益的方式快速将创新成果推向批量生产，并满足客户的定制化需求。"

舍弗勒自1995年在中国投资建厂，至今致力于中国本土生产和研发，在全国各地设立销售办事处20多个。从2016年起，舍弗勒大中华区连续6年被评为"中国杰出雇主"企业。

⚠️ **思考** 舍弗勒的市场竞争优势是什么？

✏️ **巩固提升**

一、选择题

1. 驱动桥主要由（　　）组成。
   A. 主减速器、差速器、半轴、驱动桥壳
   B. 变速器、差速器、半轴、驱动桥壳
   C. 主减速器、差速器、半轴
   D. 主减速器、差速器、半轴、悬架

2. 汽车转弯行驶时，差速器中的行星轮（　　）。
   A. 自转
   B. 公转
   C. 不转
   D. 边自转边公转

3. 按照减速传动齿轮副数目分，主减速器可分为（　　）。
   A. 单级式、双级式
   B. 单速式、双速式
   C. 圆柱齿轮式、锥齿轮式
   D. 弧齿锥齿轮式、双曲面锥齿轮式

4. 在驱动轮与差速器半轴齿轮之间传递动力的零件是（　　）。
   A. 主减速器
   B. 差速器
   C. 半轴
   D. 驱动桥壳

5. 下列关于驱动桥壳说法不正确的是（　　）。
   A. 驱动桥壳只属于传动系统
   B. 驱动桥壳的功用之一是用来安装主减速器、差速器和半轴以及悬架或轮毂

C. 驱动桥壳从结构上可分为整体式桥壳和分段式桥壳两类

D. 整体式桥壳因强度和刚度性能好，便于主减速器的安装、调整和维修，从而得到广泛应用

二、判断题

1. 整体式驱动桥与非独立悬架配用。（   ）
2. 汽车直线行驶时，两半轴存在转速差。（   ）
3. 单级主减速器结构简单、重量小、体积小、传动效率高，广泛应用于轿车及中型以下客货车。（   ）
4. 全浮式半轴支撑半轴只在两端承受转矩，不承受其他任何反力和弯矩。（   ）
5. 主动锥齿轮轴承预紧度由调整垫片来调整。（   ）

项目三 行驶系统的构造与维修

汽车行驶系统的作用是接受传动系统的动力，通过驱动轮与地面的附着作用产生驱动力，保证汽车正常行驶；承受汽车的总重量和地面的反力；缓和不平路面对车身造成的冲击和振动，保证汽车平顺行驶；跟转向系统相互配合，保证汽车操纵稳定。

汽车行驶系统主要由车架（或承载式车身）、车桥、车轮和悬架等组成。

认识汽车行驶系统

汽车行驶系统的组成

学习目标

知识目标

1. 能够描述车架和车桥的功用、分类与结构。
2. 能够描述车轮和轮胎的功用、分类与结构。
3. 能够描述悬架的功用、分类与结构。

技能目标

1. 能够完成副车架的更换。
2. 能够完成轮胎的更换及动平衡的检测。
3. 能够完成悬架部件的检查维修。

素养目标

1. 培养良好的职业道德和工匠精神。
2. 培养安全意识和团队协作精神。
3. 培养自我管理和自主学习能力。

学习任务一　车架和车桥的结构与维修

情景导入

客户贾先生驾驶一辆2018款别克威朗轿车，高速行驶时，车辆前方突然出现障碍物，因避让不及造成车辆底盘磕伤。维修技师初步检查后发现底盘前部副车架存在轻微变形，为了查清车辆底盘损伤情况，需对车架和车桥做进一步检查。作为汽车维修技师，请仔细查看服务顾问提供的接车问诊表，并针对故障进行后续处理。

接车问诊表

车牌号：黑A*****　车架号：LSGBC******242755　行驶里程：104582（km）
用户名：贾**　电话：150****2112　来店时间：2022.9.1
用户陈述及故障发生时的状况：高速行驶时，车辆前方突然出现障碍物，因避让不及造成车辆底盘磕伤
接车员检测确认建议：检查车架和车桥
车间检测确认结果及主要故障零部件：
车间检查确认者：
外观确认： （请在有缺陷部位做标识）	功能确认：（工作正常√　不正常×） ☑音响系统　☑门锁（防盗器）　☑全车灯光 ☑工具　☑后视镜　☑天窗　☑座椅 ☑点烟器　☑玻璃升降器　☑玻璃 物品确认：（有√　无×） 贵重物品提示 ☑工具　☑备胎 ☑灭火器　☑其他（　　） 旧件是否交还用户 ☑是　□否 用户是否需要洗车 ☑是　□否
● 检测费说明：本次检测的故障，如用户在本店维修，检测费包含在修理费用内；如用户不在本店维修，请您支付检测费。本次检测费：×××元。 ● 贵重物品：在将车辆交给我店检查修理前，已提示将车内贵重物品自行收起并保存好，如有遗失恕不负责。 接车员：王**　用户确认：贾**

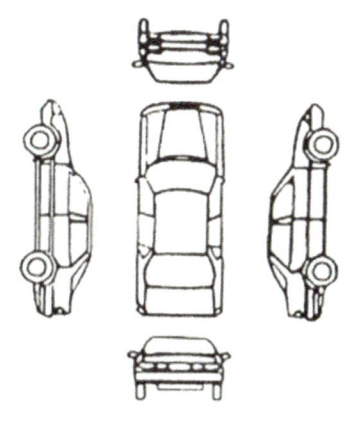

一、车架

1. 车架的功用

车架是跨接在汽车前后车桥上的框架式结构，俗称为大梁，是汽车的基体，一般由纵梁和横梁组成，经由悬架装置、车桥支撑在车轮上。车架必须具有足够的强度和刚度，以承受汽车的载荷和从车轮传来的冲击。车架的功用是支撑和连接汽车的各总成，使各总成保持相对正确的位置，并承受汽车内外的各种载荷。

2. 车架的分类与结构

汽车车架按结构形式不同可分为边梁式车架、中梁式车架（或称为脊骨式车架）、综合式车架和无梁式车架4种。

（1）边梁式车架

边梁式车架由两根位于两边的纵梁和若干根横梁组成，如图3-1-1所示。它是用铆接法或焊接法将纵梁与横梁连接成坚固的刚性构架。

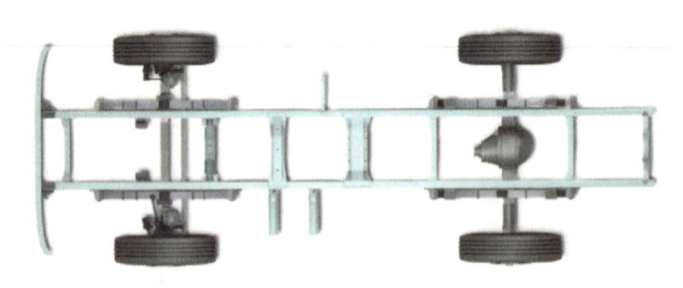

图3-1-1　边梁式车架

纵梁通常用低合金钢钢板冲压而成，断面一般为槽形，也有采用Z字形或箱形断面的。根据车型的不同和结构布置要求的不同，纵梁可以在水平面内或纵向平面内做成弯曲的形式，或者在纵向平面内做成等断面或非等断面的形式。

横梁也是用低合金钢钢板冲压而成的，它用来连接两边的纵梁，并保证车架的扭转刚度和承受纵向载荷，同时还用于支撑汽车上的主要部件。通常货车约有4~6根横梁，其断面多为槽形。为了增强车架的抗扭强度，有时采用管形或箱形断面的横梁。按照需要，横梁也可制成弯曲的形状。

边梁式车架的结构特点是便于安装车身（包括驾驶室、车厢及一些特种装备等）和布置其他总成。因此，边梁式车架更有利于改装变型车和发展多品种汽车，从而被广泛用在货车和大多数特种汽车上。

（2）中梁式车架

中梁式车架只有一根位于中央贯穿前后的纵梁，也称为脊骨式车架，如图 3-1-2 所示，其上固定有横向的托架或连接梁，使车架呈鱼骨状，中梁的断面多做成管形（也有矩形）。这种结构的车架有较大的扭转刚度，使车轮有较大的运动空间，因此被应用在某些轿车和货车上。

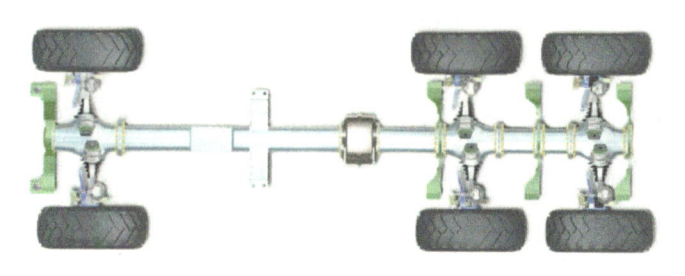

图 3-1-2 中梁式车架

中梁是管式的，传动轴装在管内。主减速器壳通常固定在中梁的尾端，形成断开式驱动桥。中梁前端做成伸出的支架，以固定发动机。

与同吨位货车相比，这种类型的车架较轻，减小了整车重量，同时因其重心较低，因此行驶稳定性好，车架的强度和刚度较大，脊梁还能起封闭传动轴的防尘套作用，其结构增大了车轮跳动空间，便于采用独立悬架系统，从而提高了汽车的通过性。然而，其制造工艺复杂，维修困难。

（3）综合式车架

综合式车架前部是边梁式的，而后部是中梁式的，这种车架称为综合式车架，也称为复合式车架，如图 3-1-3 所示。这种车架同时具有中梁式和边梁式车架的特点。该车架的边梁用以安装发动机，悬伸出来的车架可以固定车身，这种车架实际上属于中梁式车架的一种变形。

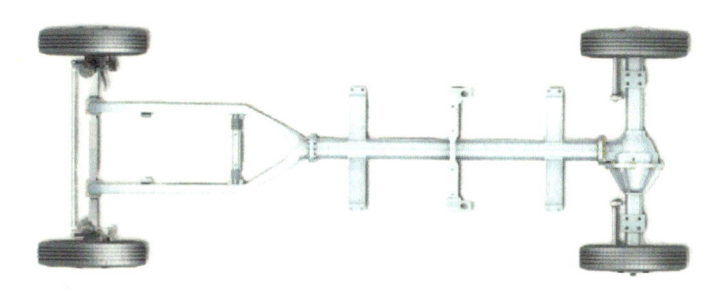

图 3-1-3 综合式车架

（4）无梁式车架

无梁式车架是以车身兼代车架，绝大多数的总成和零部件都安装在车身上，作用于车身的各种力和力矩均由车身承受，所以这种车架也称为承载式车身，如图3-1-4所示。承载式车身将车架和车身合二为一，重量轻，可利用空间大，重心低，较好地解决了大梁式车架的重量重、体积大、重心高等问题，目前大多数轿车多采用承载式车身。

承载式车身冲压成形的制造方式十分适合现代化的大批量生产，但是对设计和生产工艺的要求都很高。车身的刚度，尤其是抗扭刚度不足也是承载式车身的一大缺陷。对于追求大功率、高转矩的高性能跑车来说，承载式车身明显刚度不足。由于承载式车身将全车连成一体，具有很好的操控反应，而且传递的振动、噪声都较少，因此一些大型越野车也放弃边梁式车架而采用承载式车架。

图3-1-4　承载式车身

二、车桥

1. 车桥的功用

在车架与车桥之间传递力与力矩的是悬架。车桥是通过悬架与车轮相连，两端安装车轮并传递车架与车轮之间各方向作用力的部件。车桥的作用是承受汽车的载荷，维持汽车在道路上的正常行驶。

2. 车桥的分类与结构

汽车车桥按配用悬架结构不同可分为整体式车桥和断开式车桥两种。整体式车桥的中部是刚性实心或空心梁，通常与非独立悬架配用，如图3-1-5所示；断开式车桥为活动关节式结构，通常与独立悬架配用，如图3-1-6所示。

图 3-1-5　整体式车桥　　　　　　　图 3-1-6　断开式车桥

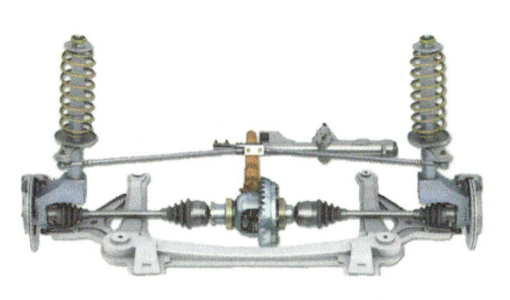

汽车车桥按车轮作用不同可分为转向桥、驱动桥、转向驱动桥和支持桥 4 种类型。其中转向桥和支持桥都属于从动桥。在后轮驱动的汽车中，前桥不仅用于承载，而且兼起转向作用，称为转向桥；后桥不仅用于承载，且兼起驱动的作用，称为驱动桥。前轮驱动汽车的前桥，除了承载和转向的作用外，还兼起驱动作用，所以也称为转向驱动桥；前轮驱动汽车的后桥只起支撑作用，也称为支持桥。

（1）转向桥

转向桥通常位于汽车的前部，利用转向节的摆动使车轮偏转一定的角度，以实现汽车的转向，并承受车轮与车架之间的垂直载荷，纵向的道路阻力、制动力和侧向力以及这些力所形成的力矩，为此，转向桥需要有一定的刚度和强度。转向轮应具有正确的定位角和合适的转向角，并应尽量减少转向轮重量和传向传动件的摩擦阻力。

转向桥由轮毂、制动鼓、转向节、主销和车轴等组成，如图 3-1-7 所示。车轴断面一般是 T 字形，为了提高抗扭强度，在接近两端处各有一个呈拳形的加粗部分，加粗部分有通孔，主销即插入此孔内，中部向下弯曲呈凹形，其目的是使发动机的位置得以降低，从而降低汽车重心，扩展驾驶人视野，减小传动轴与变速器输出轴之间的夹角。转向节是一个叉形件，上下两叉形结构制有安装主销的两个同轴孔，转向节轴颈用来安装轮毂。转向节的两叉形结构通过主销与前轴两端的拳形部分相连，使前轮可绕主销偏转一定角度而使汽车转向。主销的作用是铰接前轴及转向节，使转向节绕着主销摆动，以实现车轮的转向。主销的中部切有凹槽，安装时用主销紧固螺栓与它上面的凹槽配合，将主销固定在前轴的拳形孔中。主销与转向节上的销孔是动配合，以便实现转向。车轮轮毂通过两个圆锥滚子轴承支撑在转向节外端的轴颈上，轴承的松紧度可用调整螺母（装于轴承外端）加以调整。

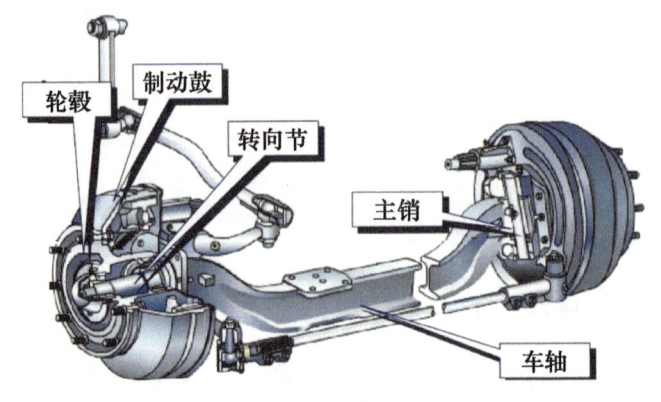

图 3-1-7 转向桥

（2）转向驱动桥

转向驱动桥具有转向和驱动两种功能，既具有一般驱动桥的基本部件，还具有转向桥特有的主销等，如图 3-1-8 所示。

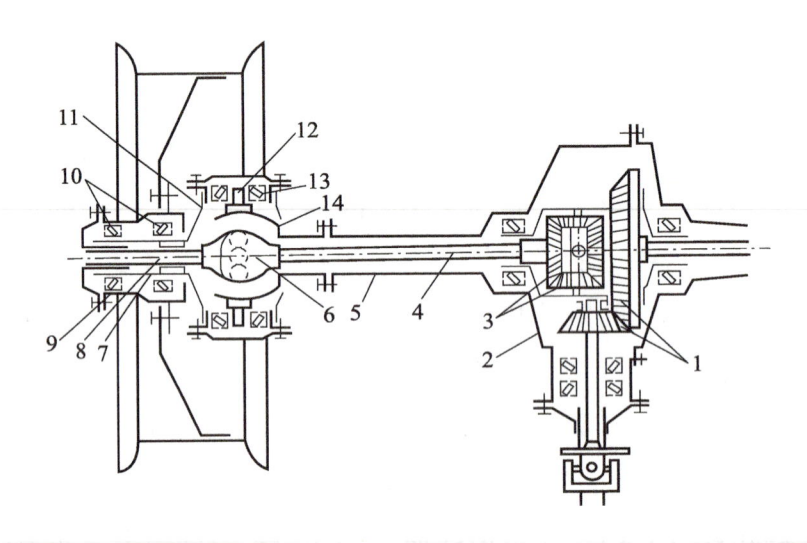

图 3-1-8 转向驱动桥

1—主减速器　2—主减速器壳　3—差速器　4—内半轴　5—半轴套管　6—万向节
7—转向节轴颈　8—外半轴　9—轮毂　10—轮毂轴承　11—转向节壳体
12—主销　13—主销轴承　14—球形支座

转向驱动桥的结构既具有一般驱动桥所具有的主减速器、差速器及半轴，也具有一般转向桥所具有的转向节壳体、主销和轮毂等。它与单独的驱动桥、转向桥的不同之处是，由于转向的需要，半轴被分为两段，分别叫作内半轴（与差速器相连接）和外半轴（与轮毂连接），两者用等角速万向节连接起来。同时，主销也因此分成上下两段，分别固定在万向节的球形支座上。转向节壳体的轴颈部分做成空心，以便外半轴从中穿过。转向节的连接叉是球状转向节壳体，既满足了转向的需要，又适应了转向节的传力。转向驱动桥广泛地应用到全轮驱动的越野汽车上。转向驱动桥工作时，发动机传来的转矩由主减速器、差速器传给内半轴、万向节、外半轴和半轴凸缘，最后传递到轮毂，驱使车轮旋转。

转向节由转向节轴颈和转向节外壳两部分组成。转向节轴颈上装有两个轮毂轴承以支撑轮毂，转向节轴颈内孔壁内压装有衬套，以支撑外半轴。在转向节外壳的上下两端分别装有上下两段主销的加粗部分，并用止动销止动，在转向节外壳上端装有转向节臂，在转向节外壳下端装有下盖。润滑脂由上、下注油嘴注入后，分别进入主销中心油道，再从两个侧孔出来进入主销与衬套之间，实现润滑。汽车转向时，转向直拉杆拉动转向节臂带动转向节绕主销摆动，这时转向轮即可随之偏转，从而实现汽车的转向。

现代轿车采用了发动机前置前轮驱动的布置形式，此种类型的转向驱动桥多采用麦弗逊式独立悬架。其特点是结构简单，布置紧凑，具有良好的接近性，便于维修，而且转弯直径小，机动性好。动力通过主减速器、差速器、内等速万向节传至内半轴，经外等速万向节传至外半轴，外半轴穿过支撑在转向节上的轮毂轴承与轮毂通过花键连接，并通过轮毂驱动车轮，如图 3-1-9 所示。

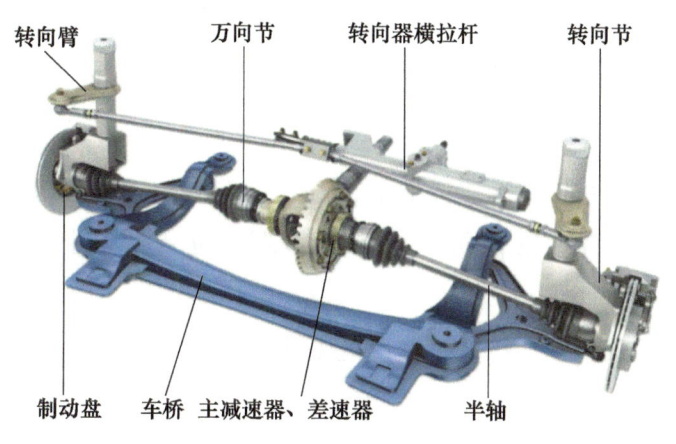

图 3-1-9　现代轿车转向驱动桥

三、车架的更换注意事项

以 2018 款别克威朗轿车为例：

1）更换车架前，应关闭点火开关、断开蓄电池负极电缆。

2）拆卸中间转向轴前，应保持前轮朝向正前位置，利用转向柱防转销、转向柱锁止装置或安全带固定转向盘以免旋转，防止安全气囊游丝损坏。

3）拆卸中间转向轴后，切勿旋转转向盘，防止安全气囊螺旋电缆损坏。

4）安装转向机上方前围板外部密封件时，应确保前围板外部密封件内的槽口正确对齐转向机上方凸出部分。

5）安装车架前后螺栓时，应注意车架与主车架的螺栓孔是否完全对齐，螺栓旋入是否存在阻碍。

6）安装各个部件螺栓时，应使用扭力扳手及角度测量仪进行紧固。

7）紧固车轮螺栓时，必须确保轮辋与轮毂之间均匀接触后，才可进行紧固。

8）更换车架后，应进行四轮定位。

⚠ 思考　更换车架后，为什么需要对车辆进行四轮定位呢？

四、车架的更换

当车架出现严重变形、断裂和焊点脱落等情况时，应予拆旧换新。车架的更换方法如下。

1. 车架的拆卸

1）拆下中间转向轴螺栓，取出中间转向轴。拆下转向机上方前围板内部密封件。

2）举升车辆至合适高度，拆下前部左右车轮。

3）拆下前部左右轮罩衬板，拆下前舱左右防溅罩，拆下前舱左右空气导流器。

4）拆下左右下支臂与转向节之间螺母，使用球节分离器分离下支臂与转向节。拆下左右转向节与转向外横拉杆之间螺母，使用球节分离器分离转向外横拉杆与转向节，如图 3-1-10 所示。拆下左右稳定杆连杆与稳定杆之间螺母（如果车辆装备了前水平位置传感器，则断开电器插接器）。

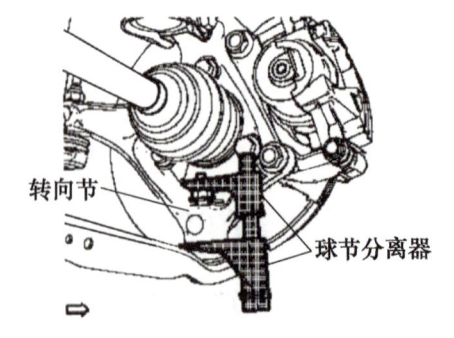

图 3-1-10　用球节分离器分离下支臂与转向节

5）拆下车架横梁加长件螺栓，拆下变速器支座柱与变速器螺栓，拆下排气消声器隔振垫螺母。

6）使用液压千斤顶支撑副车架，拆下车架前后螺栓，降低液压千斤顶使车架下降，拆下转向机隔热罩，断开动力转向辅助电动机电器插接器，拆下转向机上方线束托架。

7）拆下左右下支臂与车架螺栓，取下左右下支臂，拆下稳定杆螺栓，取出稳定杆，拆下转向机上方前围板外部密封件，拆下转向机螺栓，取下转向机，拆下变速器支座柱与车架螺栓，取下变速器支座柱，如图 3-1-11 所示。

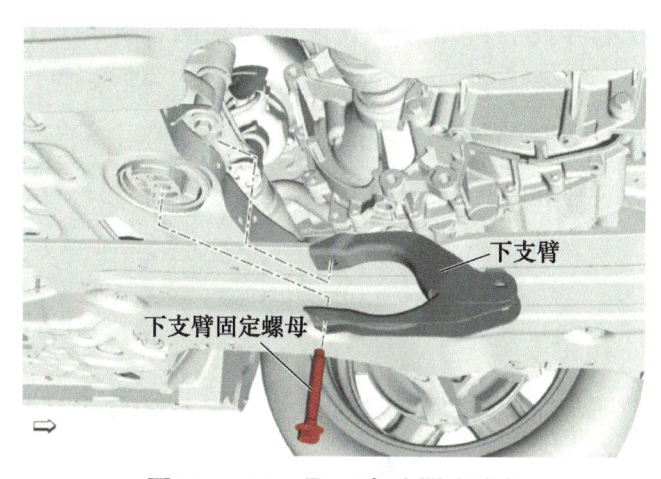

图 3-1-11　取下变速器支座柱

2. 车架的安装

1）安装变速器支座柱至副车架上，安装变速器支座柱螺栓，第一遍紧固 100N·m，最后一遍紧固 120°~135°。安装转向机至车架上，安装转向机螺栓，第一遍紧固 55N·m，最后一遍紧固 150°~165°。安装左右下支臂至车架上，安装左右下支臂螺栓，第一遍紧固 100N·m，最后一遍紧固 90°~105°。安装稳定杆至车架上，安装稳定杆螺栓，第一遍紧固 22N·m，最后一遍紧固 30°~45°。安装转向机上方前围板外部密封件。

2）升高液压千斤顶使车架上升与主车架接触，安装车架前后螺栓，第一遍紧固 100N·m，最后一遍紧固 90°~105°。连接动力转向辅助电动机电器插接器，安装转向机上方线束托架（如果车辆装备前水平位置传感器，则连接电器插接器），安装转向机隔热罩。

3）安装车架横梁加长件螺栓，紧固 58N·m。安装变速器支座柱与变速器螺栓，第一遍紧固 100N·m，最后一遍紧固 90°~105°。安装排气消声器隔振垫螺母，紧固 22N·m。

4）安装左右下支臂与转向节之间螺母，紧固 65N·m。安装左右转向节与转向横拉杆之间螺母，第一遍 35N·m，最后一遍紧固 30°~45°。安装左右下支臂与转向节之间螺母，第一遍 35N·m，最后一遍紧固 30°~45°，如图 3-1-12 所示。

5）安装前舱左右防溅罩，安装前舱左右空气导流器，安装前部左右轮罩衬板。

6）安装前部左右车轮，降下车辆使轮胎与地面接触。

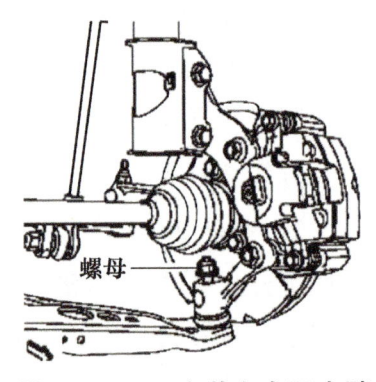

图 3-1-12　安装左右下支臂与转向节之间螺母

7）安装转向机上方前围板内部密封件。安装中间转向轴至转向机与转向管柱之间，安装中间转向轴螺栓，第一遍紧固 25N·m，最后一遍紧固 180°~195°。

课程育人

2021 年 5 月 18 日，国内一次性投资规模最大的凤宝重科钢管整体成型车桥零部件项目在红旗渠故乡——河南省林州市正式投产。安阳市、林州市政府领导、凤宝重科高层领导以及来自全国的知名重卡制造商、客户代表共计 1400 多人现场见证了这一历史时刻。

在媒体见面会上，凤宝重科董事长李静敏先生表示："凤宝重科以客户为中心，以客户需求为导向，坚持制造高性价比的产品，在经营上加强产业链上的企业之间的合作，凤宝重科既是生产商也是服务商，努力提高车桥品牌价值，要让民族品牌叫响世界，我们的最大梦想就是让中国的半挂车用上中国的车桥，致力于打造车轴的世界级品牌。"

"造奇观叹宇寰，天河环绕太行间。络丝潭贯青年洞，分水苑连林虑山。"被誉为"世界第八大奇迹"的红旗渠是 20 世纪 60 年代，河南林州人民在极其艰难的条件下，从太行山腰修建的引漳入林的工程，被称为中国的"水上长城"、天下第一人工河。同时也诞生了"自力更生、艰苦创业、团结协作、无私奉献"的红旗渠精神！

红旗渠精神影响着一代又一代人，今天的林州人民依然行而不辍，笃志前行。在新技术、新工艺的加持下，他们利用自身优势，聚焦产业转型发展，打造出完整的产业链，提升了行业制造和技术水平。当代红旗渠人的艰苦奋斗、敢为人先的精神，丝毫不输前辈，他们用热爱守护着这片故土，同时贡献自己的智慧，让这里更加蓬勃向上。

⚠️ **思考** 为什么我国的"红旗渠"被称为"世界第八奇迹"？

📝 巩固提升

一、选择题

1. 边梁式车架广泛用于（　　）。
   A. 货车和特种汽车　　　　　B. 轿车和货车
   C. 客车和货车　　　　　　　D. 客车和特种汽车
2. 下列不属于中梁式车架的特点是（　　）。
   A. 车架较轻　　　　　　　　B. 重心较高
   C. 维修困难　　　　　　　　D. 制造工艺复杂
3. 通常货车约有（　　）根横梁。
   A. 1~2　　　　B. 2~4　　　　C. 4~6　　　　D. 6~8
4. 下列属于承载式车身特点的是（　　）。
   A. 重心低　　　B. 重量重　　　C. 体积大　　　D. 重心高
5. 转向轮围绕（　　）摆动。
   A. 转向节　　　B. 转向节臂　　C. 主销　　　　D. 前轴

二、判断题

1. 车架俗称大梁。（　　）
2. 汽车车架按结构形式不同可分为边梁式车架、综合式车架和无梁式车架3种。（　　）
3. 边梁式车架是用铆接法或焊接法将纵梁与横梁连接成坚固的刚性构架。（　　）
4. 纵梁断面形状一般有槽形、Z字形和箱形。（　　）
5. 中梁式车架也称为脊骨式车架。（　　）

学习任务二 车轮和轮胎的结构与维修

情景导入

客户贾先生驾驶一辆2018款别克威朗轿车，以110km/h速度行驶时，车身出现剧烈抖动现象。4S店维修技师检测及路试检查后，发现4个轮胎动平衡数值偏差过大。为了确定具体故障原因，需对车轮和轮胎做进一步检查。作为汽车维修技师，请仔细查看服务顾问提供的接车问诊表，并针对故障进行后续处理。

接车问诊表

车牌号：黑A***** 车架号：LSGBC******231268 行驶里程：128000（km）
用户名：贾** 电话：150****2112 来店时间：2022.9.1
用户陈述及故障发生时的状况：以110km/h速度行驶时，车身出现剧烈抖动现象
接车员检测确认建议：检查车轮和轮胎
车间检测确认结果及主要故障零部件：
车间检查确认者：

外观确认： 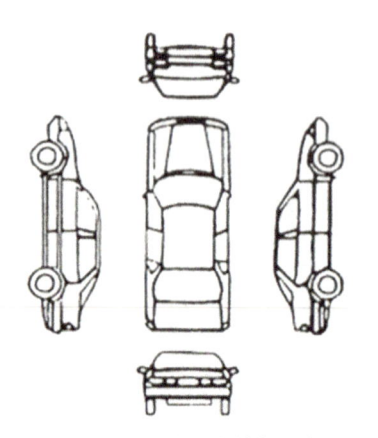	功能确认：（工作正常√ 不正常×）
（请在有缺陷部位做标识）	☑音响系统 ☑门锁（防盗器） ☑全车灯光 ☑工具 ☑后视镜 ☑天窗 ☑座椅 ☑点烟器 ☑玻璃升降器 ☑玻璃 物品确认：（有√ 无×） 贵重物品提示 ☑工具 ☑备胎 ☑灭火器 ☑其他（　　） 旧件是否交还用户 ☑是 □否 用户是否需要洗车 ☑是 □否

- 检测费说明：本次检测的故障，如用户在本店维修，检测费包含在修理费用内；如用户不在本店维修，请您支付检测费。本次检测费：×××元。
- 贵重物品：在将车辆交给我店检查修理前，已提示将车内贵重物品自行收起并保存好，如有遗失恕不负责。

接车员：王** 用户确认：贾**

一、车轮和轮胎概述

汽车车轮总成由车轮和轮胎两大部分组成,如图 3-2-1 所示。其主要功用如下:

1)支撑整车质量。

2)缓和由路面传递来的冲击载荷。

3)通过轮胎和路面之间存在的附着作用为汽车提供驱动力和制动力。

4)汽车转弯行驶时产生平衡离心力的侧向力,以便顺利转向,并通过轮胎产生自动回正的力矩,使汽车保持直线行驶方向。

图 3-2-1 车轮总成

5)保证汽车具有一定的越过障碍的能力,提高汽车的通过性。

针对车轮和轮胎的使用情况,要求它们具有足够的强度和刚度,重量轻,散热能力强,具有良好的弹性特性和摩擦特性,足够长的使用寿命等特点。

二、车轮

1. 车轮的功用和组成

车轮是介于轮胎和车桥之间承受负荷的旋转组件,其功用是安装轮胎,承受轮胎与车桥之间的各种载荷。车轮一般由轮毂、轮辋和轮辐组成,如图 3-2-2 所示。轮毂通过圆锥滚子轴承装在车桥或转向节轴颈上,用于连接车轮与车桥;轮辋用于安装和固定轮胎;轮辐用于将轮毂和轮辋连接起来。

图 3-2-2 车轮的组成

2. 车轮的类型及结构

按轮辐结构的不同,车轮可以分为两种形式:辐板式车轮和辐条式车轮。

(1) 辐板式车轮

图 3-2-3 所示为辐板式车轮。大中客车、货车采用的辐板式车轮由挡圈、轮辋、轮辐和气门嘴伸出口组成，车轮中用以连接轮毂和轮辋的圆盘称为辐板，辐板是通过冲压或铸造而制成。轿车辐板式车轮中没有挡圈，其辐板较薄，常冲压成起伏多变的形状，用来提高其刚度。

a）货车辐板式车轮　　b）轿车辐板式车轮

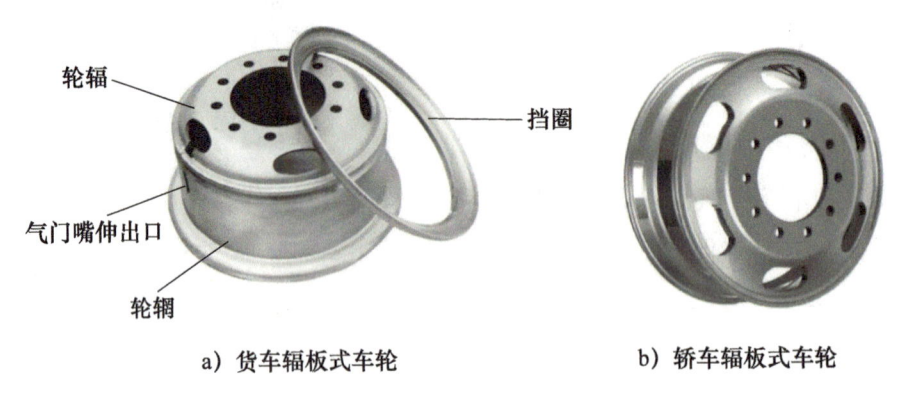

图 3-2-3　辐板式车轮

(2) 辐条式车轮

按辐条结构的不同，辐条式车轮又分为钢丝辐条式车轮和铸造辐条式车轮。钢丝辐条式车轮的结构与自行车车轮完全一样，因其价格昂贵、维修安装不便，故仅用于赛车和某些高级轿车上。现代轿车广泛采用铝合金辐条式车轮，如图 3-2-4 所示，即辐条与轮辋铸成一体。它的重量轻、尺寸精度高、生产工艺好、美观大方，能明显改善车轮的空气动力学特性，降低汽车油耗。但由于钢质车轮成本更加低廉，结构上较铝合金更为坚固，在货车或者承载量较大的车辆中使用较多。

图 3-2-4　辐条式车轮

3. 轮辋的类型及结构

轮辋又称为钢圈，是装配和固定轮胎的基础。按轮辋结构不同，其常见结构形式有深槽轮辋、平底轮辋和对开式轮辋。此外，还有半深槽轮辋、深槽宽轮辋、平底宽轮辋、全斜底轮辋等。

（1）深槽轮辋

深槽轮辋一般都采用钢板冲压成形，它是一种整体式轮辋，结构如图3-2-5a所示。深槽轮辋结构简单，刚度大、重量轻，对于小尺寸弹性较大的轮胎最适宜。但是尺寸较大、弹性较小的轮胎则很难装进这样的整体轮辋内。深槽轮辋主要用于轿车及轻型越野汽车。

（2）平底轮辋

平底轮辋结构如图3-2-5b所示，轮辋中部平直，其两侧凸缘与轮辋制成一体，也可以一侧用可拆挡圈做凸缘，方便轮胎拆装。这种轮辋主要用于货车。

（3）对开式轮辋

对开式轮辋是由内、外可分的两个轮辋组成的，当其可靠地紧固在一起时，就形成固定轮缘的车轮。其结构如图3-2-5c所示。这种轮辋在拆装轮胎时，只需拆下螺栓即可，主要用于载重量较大的重型货车和大型客车。

a）深槽轮辋　　b）平底轮辋　　c）对开式轮辋

图3-2-5　轮辋的常见结构形式

三、轮胎

1. 轮胎的功用

轮胎由橡胶制成，它安装在车轮轮辋上，直接与路面接触，是汽车上最重要的部件之一。轮胎的功用如下：

1）支撑汽车的总重量。

2）与汽车悬架共同吸收和缓和汽车行驶时所受到的冲击和振动，以保证汽车具有良好的乘坐舒适性和行驶平顺性。

3）保证车轮与路面的良好附着而不致打滑，使汽车行驶平稳。

2. 轮胎的类型

1）按轮胎有无内胎，轮胎分为有内胎轮胎和无内胎轮胎（俗称真空胎）两种。目前乘用车上普遍采用无内胎轮胎。

2）按胎体帘布层结构的不同，轮胎分为斜交轮胎和子午线轮胎。目前，子午线轮胎在汽车上广泛应用。

3）按轮胎内空气压力的大小，轮胎分为高压胎（0.5～0.7MPa）、低压胎（0.2～0.5MPa）和超低压胎（0.2MPa以下）3种。低压胎弹性好，减振性能强，壁薄散热性好，与地面接触面积大且附着性好，因而广泛用于乘用车。超低压胎在松软路面上具有良好的通过能力，多用于越野汽车及部分高级乘用车。

4）按胎面花纹不同，轮胎分为普通花纹胎、越野花纹胎和混合花纹胎。

3. 轮胎的结构

（1）有内胎轮胎

有内胎轮胎由外胎、内胎和垫带等组成，使用时安装在汽车车轮的轮辋上，如图3-2-6所示。内胎是一个环形的橡胶管，上面装有气门嘴，用于充气或排出空气，其尺寸应稍小于外胎的内壁尺寸。垫带是一个环形的橡胶带，垫在内胎和轮辋之间，用于保护内胎不被轮辋和胎圈磨伤。外胎是充气轮胎的环状外壳体，其作用是承受车辆负荷，防止内胎充气后鼓胀，限定轮胎外缘尺寸，保护内胎免受机械损伤。一般由胎面（包括胎冠、胎肩）、缓冲层（子午胎为带束层）、胎体帘布层、胎侧和胎圈等部件组成，如图3-2-7所示。

（2）无内胎轮胎

无内胎轮胎在外观上与普通轮胎相似，但没有内胎及垫带，空气通过气门嘴直接压入外胎中，因此要求轮辋和外胎之间密封性要好。如图3-2-8所示，无内胎轮胎外胎内壁上附加了一层厚2~3mm的专门用来封气体的橡胶密封层，它是用硫化的方法黏附上去的，密封层正对着的胎面下面贴着一层特殊混合物制成的自黏层。当轮胎穿孔时，自黏层能自行将刺穿的孔黏合。近年来，轿车均使用无内胎轮胎。

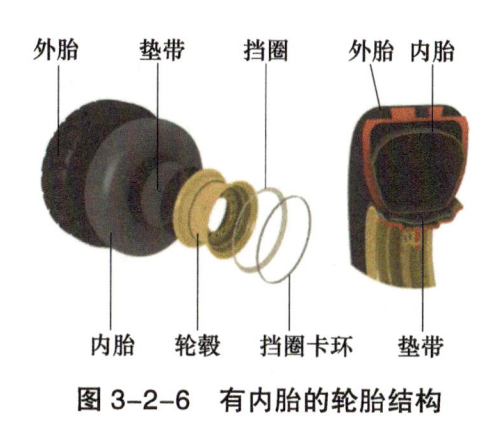

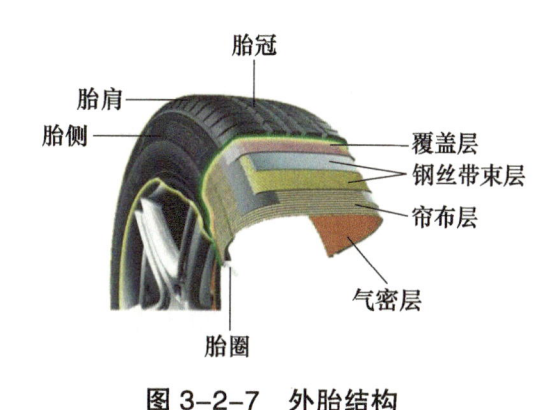

图 3-2-6　有内胎的轮胎结构

图 3-2-7　外胎结构

图 3-2-8　无内胎轮胎结构

（3）普通斜交轮胎

帘布层和缓冲层各相邻层帘线交叉，且与胎中心线成小于 90°角排列的充气轮胎，称为普通斜交轮胎。其结构如图 3-2-9 所示。

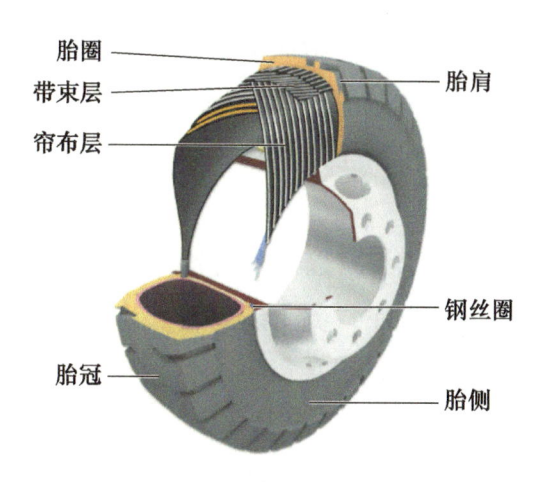

图 3-2-9　普通斜交轮胎结构

斜交轮胎的优点：轮胎噪声小，外胎面柔软，制造容易，价格也较子午线轮胎便宜。

斜交轮胎的缺点：转向行驶时，接地面积小，胎冠滑移大，抗侧向力能力差，高速行驶时稳定性差，滚动阻力较大，油耗偏高，承载能力也不如子午线轮胎。

（4）子午线轮胎

子午线轮胎的结构如图 3-2-10 所示，它由帘布层、带束层、胎冠、胎肩和胎圈组成，并以带束层紧箍胎体，其特点是帘布层帘线排列的方向与轮胎的子午断面一致。帘线的这种排列方式，使帘线的强度能得到充分利用，子午线轮胎的帘布层数一般比普通斜交胎可减少 40%~50%；胎体较柔软，弹性好。

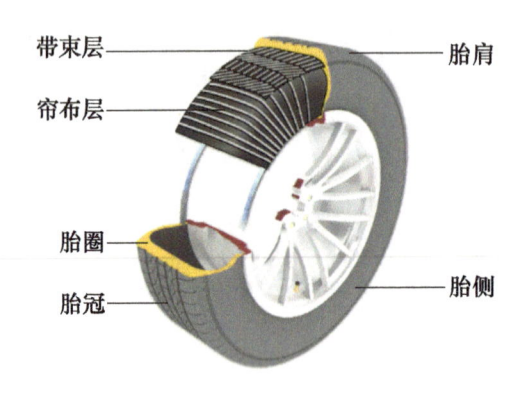

图 3-2-10　子午线轮胎结构

子午线轮胎的优点如下：

1）接地面积大，附着性能好，胎面滑移小，对地面单位压力也小，因而滚动阻力小，使用寿命长。

2）胎冠较厚且有坚硬的带束层，不易刺穿，行驶时变形小，可降低油耗 3%~8%。

3）因帘布层数少，胎侧薄，所以散热性能好。

4）径向弹性大，缓冲性能好，负荷能力较大。

5）在承受侧向力时，接地面积基本不变，故在转向行驶和高速行驶时稳定性好。

子午线轮胎的缺点：因胎侧较薄柔软，胎冠较厚在其与胎侧过渡区易产生裂口；吸振能力弱，胎面噪声大些；制造技术要求高，成本也高。

4. 轮胎规格的表示方法

轮胎是在专业化生产厂制造的，具有高度的标准化、系列化的特点。轮胎的规格可用外径（D）、轮胎内径（d）、断面宽度（B）和断面高度（H）等代号表示，如图 3-2-11 所示。其中轮胎内径 d 就是轮辋直径。

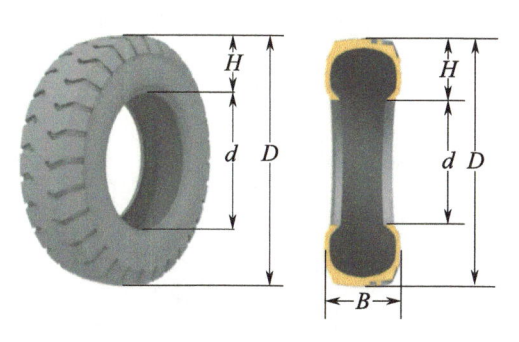

轮胎宽高比 = $\dfrac{轮胎断面高度H}{轮胎断面宽度B} \times 100\%$

D 轮胎外径
d 轮胎内径
H 轮胎断面高度
B 轮胎断面宽度

图 3-2-11　轮胎的尺寸标注

（1）斜交轮胎的规格

普通斜交轮胎的规格用 B-d 表示，载货汽车斜交轮胎和轿车斜交轮胎的尺寸 B 和 d 均使用英寸（in）为单位（1in=25.4mm）。如图 3-2-12 所示，6.50-16 表示轮胎断面宽度为 6.50in，轮胎内径为 16in。

图 3-2-12　斜交轮胎的规格

（2）子午线轮胎的规格

子午线轮胎的规格表示由轮胎的断面宽度、扁平率、子午线标记、轮辋直径等参数组成，如图 3-2-13 所示。图 3-2-13 中 225/45R17 91W 为子午线轮胎的规格。"225"表示轮胎断面宽度为225mm。"45"表示轮胎的扁平率为45%（轮胎扁平率为断面高度 H 与宽度 B 之比。它的数字越小，表明轮胎越扁平，断面尺寸越宽）。"R"表示子午线轮胎。"17"表示轮辋直径为17in。"91"表示轮胎的荷重等级，即最大载荷重量为615kg。常见的荷重等级及对应的最大载荷重量见表3-2-1。"W"表示轮胎的速度等级，表明轮胎允许行驶的最高车速。常见的速度等级及对应的最高车速见表3-2-2。

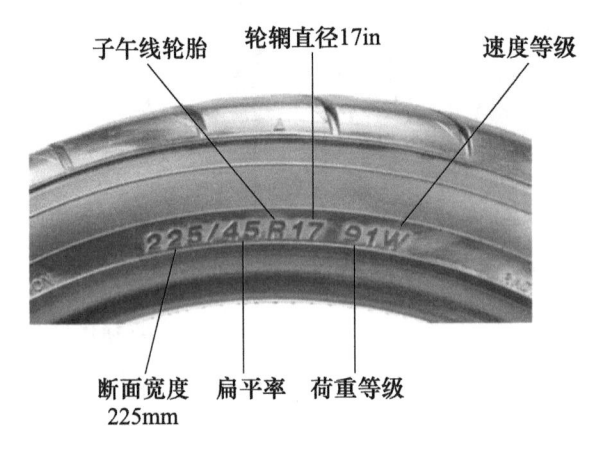

图 3-2-13　子午线轮胎的规格

表 3-2-1　荷重等级及对应的最大载荷重量

荷重等级	最大载荷重量 /kg	荷重等级	最大载荷重量 /kg
71	345	86	530
72	355	87	545
73	365	88	560
74	375	89	580
75	387	90	600
76	400	91	615
77	412	92	630
78	425	93	650
79	437	94	670
80	450	95	690
81	462	96	710
82	475	97	730
83	487	98	750
84	500	99	775
85	515	100	800

表 3-2-2　速度等级及对应的最高车速

速度等级	最高车速/（km/h）	速度等级	最高车速/（km/h）
L	120	T	190
M	130	U	200
N	140	H	210
P	150	V	240
Q	160	Z	240 以上
R	170	W	270 以下
S	180	Y	300 以下

此外，在轮胎侧有一组 4 位数字表示轮胎的生产日期。如图 3-2-14 所示，图中前两位表示一年中的第几周，第 20 周即 5 月份；后两位数字表示年份，图中为 2020 年。

图 3-2-14　轮胎的生产日期

四、轮胎的更换及动平衡检测注意事项

以 2018 款别克威朗轿车为例：

1）安装扒胎机拆装头至轮辋外缘位置时，应注意扒胎机拆装头与轮胎气门芯相隔 180°。

2）安装轮胎至轮辋上方时，应注意轮胎外侧标记轮面安装至轮辋外侧。

3）轮胎动平衡检测前，应清除车轮内侧污物、积垢以及轮胎胎面石子。

4）粘贴车轮平衡配重块前，应使用干净抹布或纸巾，彻底清除指定配重附着区域。

5）粘贴车轮平衡配重块时，应先加热车轮平衡配重块上黏合剂背衬至室温，再拆下车轮平衡配重块上背面黏合底面保护层，注意不要触摸背胶胶面；

将车轮平衡配重块粘在车轮上,用手将其压入到位,并使用辊子施加压力,将车轮平衡配重块固定到车轮上。

6)紧固车轮固定螺母时,应均匀对角紧固螺母,以避免车轮与转向节安装面之间存在间隙,造成车辆行驶时出现车轮脱落现象。

五、车轮和轮胎的维修

以2018款别克威朗为例进行相关检查操作。

1. 轮胎的更换

当轮胎出现严重磨损、严重老化而产生裂纹、起包变形、胎壁被刺破等情况时,通常需要进行轮胎更换。轮胎更换方法如下:

1)使用扭力扳手预松车轮固定螺母,举升车辆至合适高度,使用棘轮扳手拆卸车轮固定螺母,取下车轮,如图3-2-15所示。

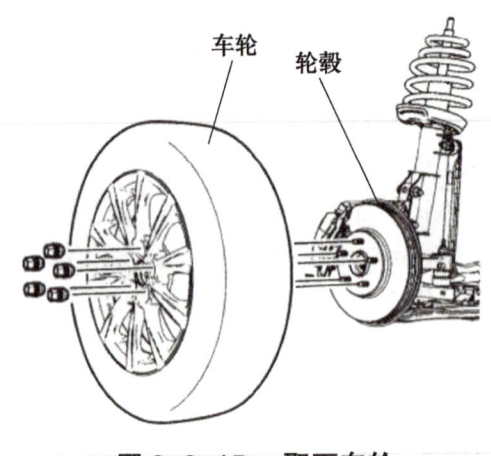

图3-2-15 取下车轮

2)拧下轮胎气门芯帽盖,使用气门芯扳手取下轮胎气门芯,并对轮胎进行放气。

3)放置车轮至扒胎机分离铲位置,操作扒胎机分离铲使轮胎外壁、内壁与轮辋外侧、内侧分离。

4)安装车轮至扒胎机工作台上方,操作扒胎机固定开关使车轮固定,安装扒胎机拆装头至轮辋外缘位置,使用撬棍将轮胎外侧边缘撬出,操作扒胎机旋转开关,旋转车轮,使轮胎外侧与轮辋分离。

5)抬起轮胎,使用撬棍将轮胎内侧边缘撬出,操作扒胎机旋转开关,旋转车轮，使轮胎内侧与轮辋分离，收回扒胎机拆装头，取下轮胎。

6）使用毛刷在轮胎内侧、外侧涂抹轮胎安装润滑剂。

7）安装轮胎至轮辋上方，安装扒胎机拆装头至轮辋外缘位置，安装扒胎机压杆至扒胎机拆装头顺时针180°位置，如图3-2-16所示。

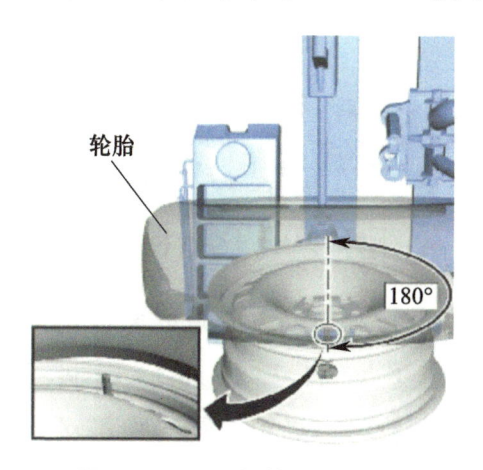

图3-2-16　安装扒胎机压杆

8）操作扒胎机旋转开关，使轮胎内侧装入轮辋，重新安装扒胎机压杆至扒胎机拆装头顺时针180°位置。

9）操作扒胎机旋转开关，使轮胎外侧装入轮辋。

10）使用气门芯扳手安装轮胎气门芯，使用轮胎气压表按照标准胎压对轮胎进行充气。拧上轮胎气门芯帽盖。

11）安装车轮至转向节上方，使用棘轮扳手安装车轮固定螺母，降下车辆使轮胎与地面接触，使用扭力扳手紧固车轮固定螺母，紧固140N·m。

2. 车轮动平衡试验

车轮不平衡将引起车轮上下跳动和横向摆振。这不仅影响了汽车行驶的平顺性、乘坐舒适性和操纵稳定性，使车辆难以控制，而且也影响了汽车行驶的安全性。此外，还加剧了轮胎及有关机件的磨损和冲击，缩短了汽车的使用寿命，增加了汽车运输的成本。

车轮动平衡的操作流程如下：

1）清除被测车轮上的泥土、石子和旧平衡块。

2）检查轮胎的气压，并将气压调整至规定值。

3）根据轮辋中心孔的大小选择锥体（图3-2-17），装上车轮，并用大螺距螺母上紧。

图 3-2-17　定位锥体

4）打开电源开关，检查指示与控制装置的面板是否指示正确。

5）用卡尺测量轮辋宽度 b（图 3-2-18）、轮辋直径 d（也可以由胎侧读出），用平衡机上的标尺测量轮辋边缘至机箱的距离 a（图 3-2-19）。

图 3-2-18　用卡尺测量轮辋宽度 b 　　图 3-2-19　测量轮辋边缘至机箱距离 a

6）将 a、b、d 值输入动平衡仪。

7）放下车轮防护罩，按下启动键，车轮旋转，平衡测试开始。当车轮自动制动后，观察显示仪上的数据。

8）用手慢慢转动车轮，当显示仪的左侧红色方块变成绿色时。在轮辋内左侧指示位置贴上相应数值平衡块。内、外侧车轮不平衡量要分别进行测量，平衡块安装要牢固。

9）安装好平衡块后放下防尘罩，按下启动键，再次测量，显示仪两边显示数值的误差值在 5g 内，车轮即达到动平衡要求。指示装置显示"0"或"OK"时才符合要求。

10）测试结束，关闭电源，取下车轮总成。

⚠ **思考** 安装好平衡块后为什么还要重新进行平衡试验，如果不重新测量一次，会产生什么样的结果？

✏ 课程育人

作为人类文明的产物之一，车轮的诞生可以追溯到公元前，它是汽车各部件的鼻祖，伴随着汽车发展史，其进化历程也从未止步。

距今大约6000年前，人类在搬运重物时会将圆形滚木排成一排，通过滚动圆木来实现搬运目的。过了1000年，出现了有两个木质车轮的手推车。再后来为了使车轮更加稳固，人们又打造了金属轮辋并加装在木质车轮上，这就是轮胎的前身。随着橡胶材料的发现，最早的实心橡胶轮胎问世。随着工业革命的兴起与发展，各种车的行驶速度越来越快，但实心橡胶轮胎减振效果太差，已然成为阻碍汽车发展的重要因素。

1888年，居住在北爱尔兰的兽医约翰·博伊德·邓禄普为了能让年幼的儿子骑的三轮自行车跑得更快，骑行更加舒适、稳定，他发明了世界上最早的充气轮胎。此后邓禄普轮胎驱动着世界及时代前进。

几个世纪以来，工业发展一方面加快了人类文明进程，另一方面也加剧了对环境的污染。当人们意识到环境的重要性后，环保材料的研发和应用也就十分重要。原始橡胶轮胎的生产需要大量依赖石油，而石油燃烧造成的环境污染众所周知。于是，在2006年，邓禄普环保轮胎问世，其生产原料中非石油材料所占比例达到了70%，两年后，这一比例提高到了97%。2013年，邓禄普100%非石油材料轮胎面世，这在汽车行业又是一次里程碑式的飞跃。

轮胎技术的革新和发展至今仍未止步，也不会止步，被科技重新定义的每一天，都会有更新、更强的技术出现，而人类文明历史也会在这个过程中被一次又一次的创造和改写。

⚠ **思考** 你还知道哪些汽车轮胎品牌？他们的品牌故事是怎样的呢？

✏ 巩固提升

一、选择题

1. 车轮总成由（　　）组成。

　　A. 轮毂、轮辋、轮胎　　　　　　B. 轮辋、轮胎、轮辐

C. 轮毂、轮胎、轮辐 　　　　　　D. 轮毂、轮辋、轮辐

2. 按胎体帘布层结构的不同，轮胎分为（　　）。

　　A. 有内胎轮胎、无内胎轮胎 　　B. 斜交轮胎、子午线轮胎

　　C. 混合式轮胎、子午线轮胎 　　D. 交叠式轮胎、子午线轮胎

3. 某轮胎规格表示为 185/70R13 86T，其中"R"表示（　　）。

　　A. 子午线轮胎 　　　　　　　　B. 负荷指数

　　C. 速度级别 　　　　　　　　　D. 轮胎气压

4. 扁平率是（　　）。

　　A. 胎宽与胎高之比 　　　　　　B. 胎高与胎宽的乘积

　　C. 胎高与胎宽之比 　　　　　　D. 外径与内径之比

5. 轮胎平衡所探讨的是（　　）。

　　A. 动平衡 　　　　　　　　　　B. 静平衡

　　C. 动平衡与静平衡 　　　　　　D. 共振

二、判断题

1. 轿车辐板式车轮中没有挡圈，其辐板较薄，常冲压成起伏多变的形状，用来提高其刚度。　　　　　　　　　　　　　　　　　　　　　　（　　）

2. 子午线轮胎的特点是帘布层帘线排列的方向与轮胎的子午断面相反。　　　　　　　　　　　　　　　　　　　　　　　　　　　　　　　（　　）

3. 轮辋常见的结构形式有：深槽轮辋、平底轮辋和对开式轮辋。　（　　）

4. 无内胎轮胎没有内胎及垫带，空气通过气门嘴直接压入外胎中，因此要求轮辋和外胎之间密封性要好。　　　　　　　　　　　　　　　（　　）

5. 紧固轮胎螺栓时，应一次性把轮胎螺栓100%拧紧。　　　　　（　　）

学习任务三 悬架的结构与维修

情景导入

客户贾先生驾驶一辆2018款别克威朗轿车，通过颠簸路面或减速带时，车身有强烈的振动感，并且左前车轮发出"咣咣"的响声。4S店维修技师检测及路试检查后，发现左前减振器存在漏油现象。为了确定故障原因，需对左前减振器做进一步检测。作为汽车维修技师，请你仔细查看服务顾问提供的接车问诊表，并针对故障进行后续处理

接车问诊表

车牌号：黑A***** 车架号：LSGBC******173011 行驶里程：60000（km）
用户名：贾** 电话：150****2112 来店时间：2022.9.1
用户陈述及故障发生时的状况：通过颠簸路面或减速带时，车身有强烈的振动感，并且左前车轮发出"咣咣"的响声
接车员检测确认建议：检查左前减振器
车间检测确认结果及主要故障零部件：
车间检查确认者：

外观确认：

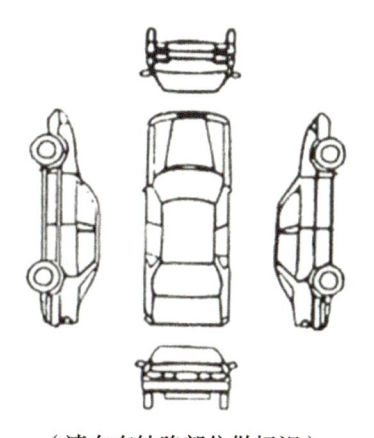

（请在有缺陷部位做标识）

功能确认：（工作正常√ 不正常×）
☑音响系统 ☑门锁（防盗器） ☑全车灯光
☑工具 ☑后视镜 ☑天窗 ☑座椅
☑点烟器 ☑玻璃升降器 ☑玻璃

物品确认：（有√ 无×）

贵重物品提示
☑工具 ☑备胎
☑灭火器 ☑其他（ ）
旧件是否交还用户
☑是 □否
用户是否需要洗车
☑是 □否

- 检测费说明：本次检测的故障如用户在本店维修，检测费包含在修理费用内；如用户不在本店维修，请您支付检测费。本次检测费：×××元。
- 贵重物品：在将车辆交给我店检查修理前，已提示将车内贵重物品自行收起并保存好，如有遗失恕不负责。

接车员：王** 用户确认：贾**

一、悬架的功用

汽车悬架是车架（或车身）与车桥之间一切传力、连接装置的总称，主要由前悬架和后悬架两部分组成，如图3-3-1所示。其功用如下：

图 3-3-1 悬架装置

1）连接车架（或车身）和车轮，将路面作用到车轮的各种力传给车架（或车身）。

2）缓和冲击、衰减振动，使乘坐更为舒适，车辆行驶更加平顺。

3）保证汽车具有良好的操纵稳定性。

二、悬架的结构

汽车悬架虽有各种不同的结构形式，但一般都由弹性元件、减振器和导向装置三部分组成，如图3-3-2所示。

1. 弹性元件

弹性元件的作用是用来承受并传递垂直载荷，缓和或抑制不平整路面引起的振动和冲击。汽车上常用的弹性元件包括钢板弹簧、螺旋弹簧、扭杆弹簧和气体弹

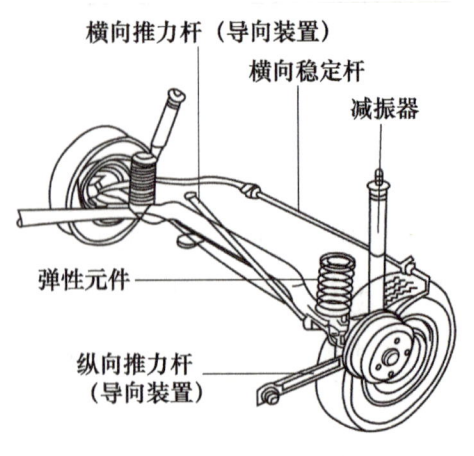

图 3-3-2 悬架的结构

簧等。

（1）钢板弹簧

钢板弹簧结构简单，使用可靠，维修方便，因而被载货汽车广泛采用。如图3-3-3所示，它是由若干片等宽不等长、弧度不等、厚度相等或不等的钢板弹簧片组合而成的一根近似等强度的弹性梁。钢板弹簧最长的一片称为主片，其两端卷成卷耳，内装衬套，以便用钢板销与车架连接，中部通过U形螺栓固定在车桥上。

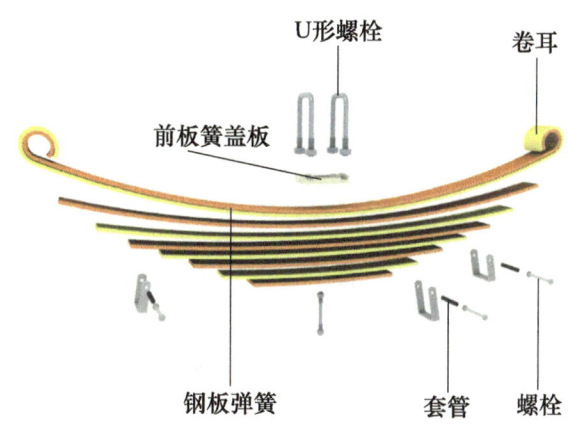

图3-3-3 钢板弹簧结构

（2）螺旋弹簧

螺旋弹簧可以承受垂直载荷，它无须润滑，不怕泥污，重量轻，所占空间小，目前被广泛用于轿车。如图3-3-4所示，螺旋弹簧由一根钢丝卷制而成，可做成圆柱形或圆锥形，也可做成等螺距或变螺距。由于螺旋弹簧没有减振和导向功能，只能承受垂直载荷。因此，在螺旋弹簧悬架中必须另装减振器和导

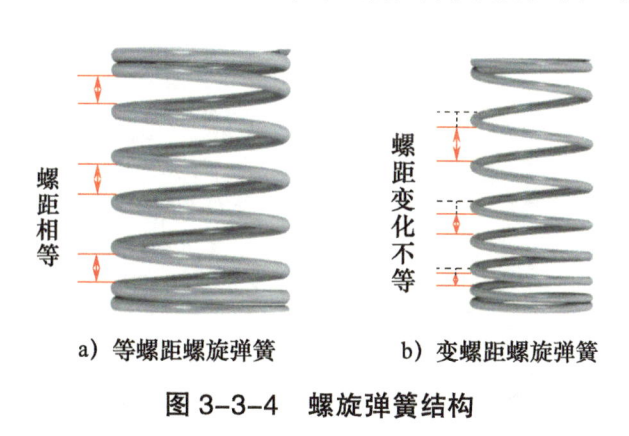

a）等螺距螺旋弹簧　　b）变螺距螺旋弹簧

图3-3-4 螺旋弹簧结构

向机构，前者起衰减振动的作用，后者用以传递垂直力以外的各种力和力矩，并起导向作用。

（3）扭杆弹簧

如图 3-3-5 所示，扭杆弹簧是由弹簧钢制成的杆件，其两端制成花键、方形、六角形等形状，以便一端固定在车架上，另一端固定在悬架的摆臂上。摆臂与车轮相连，当车轮跳动时，摆臂绕扭杆轴线摆动，使扭杆产生弹性变形，以保证车轮与车架的弹性联系。与钢板弹簧相比，扭杆弹簧质量较小，而且不需润滑，保养维修方便，节省纵向空间，适用于小型车及越野车辆的悬架系统。

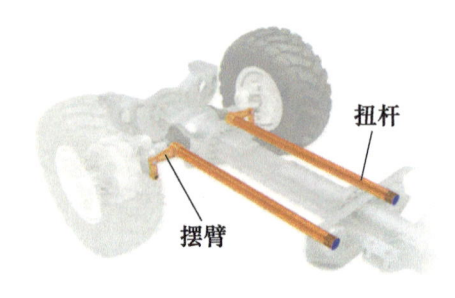

图 3-3-5　扭杆弹簧结构

（4）气体弹簧

气体弹簧分为空气弹簧和油气弹簧两种。空气弹簧是以空气作为弹性介质，即在一个密闭的容器内装入压力为 0.5~1MPa 的压缩空气，利用气体的可压缩性实现弹簧的作用，而且空气弹簧的刚度可以控制，通过控制充放气还能控制车辆的行驶高度。空气弹簧可分为囊式和膜式两种，如图 3-3-6 所示。空气弹簧可以延长车辆使用寿命，提高整车的舒适性，同时降低车轮的动载荷，因此被广泛应用于大型客车上。

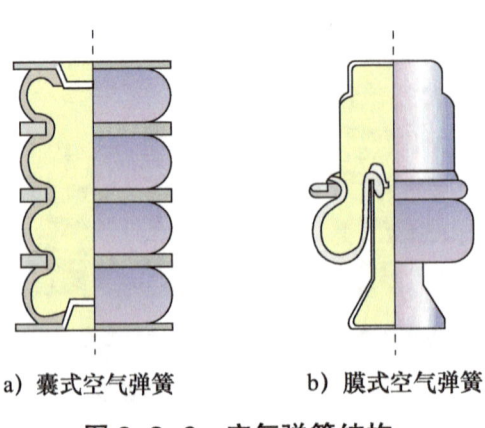

a）囊式空气弹簧　　b）膜式空气弹簧

图 3-3-6　空气弹簧结构

油气弹簧是在密封的容器中充入压缩空气（如氮气等惰性气体）和油液，利用气体的可压缩性实现其弹簧作用，而用油液作为传力介质，具有变刚度的特性，其结构如图3-3-7所示。油气弹簧可使汽车具有良好的行驶平顺性，而且体积小，重量轻，目前主要应用于重型汽车和部分小客车上。空气弹簧和油气弹簧都同螺旋弹簧一样，只能承受垂直载荷，因此气体弹簧悬架中必须有导向装置和减振器。

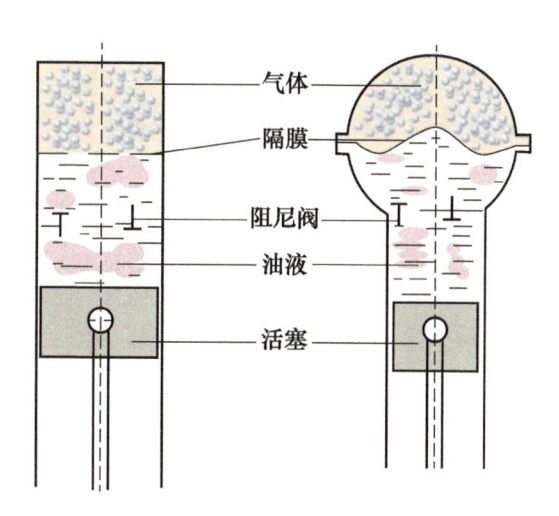

图 3-3-7　油气弹簧结构

2. 减振器

减振器的作用是迅速衰减汽车的振动，提高汽车行驶的平顺性。目前汽车上应用最广泛的是双向作用筒式减振器和充气式减振器。

（1）双向作用筒式减振器

双向作用筒式减振器结构如图3-3-8所示，它有3个同心钢筒，外面的钢筒是防尘罩，其上部的吊耳与车架相连；中间是储油缸筒，内装有一定量的油液，其下端的吊耳与车桥相连；最里面是工作缸筒，其内装满油液。

双向作用筒式减振器内有4个阀，即压缩阀、伸张阀、流通阀和补偿阀。

流通阀和补偿阀是一般的单向阀，其弹簧弹力很弱。当阀上的油压作用力与弹簧弹力同向时，阀处于关闭状态，完全不通油液；而当油压作用力与弹簧弹力反向时，只要很小的油压，阀便能开启。

压缩阀和伸张阀是卸载阀，其弹簧刚度较大，预紧力较大。只有当油压增高到一定程度时，阀才能开启；而当油压降低到一定程度时，阀即自行关闭。

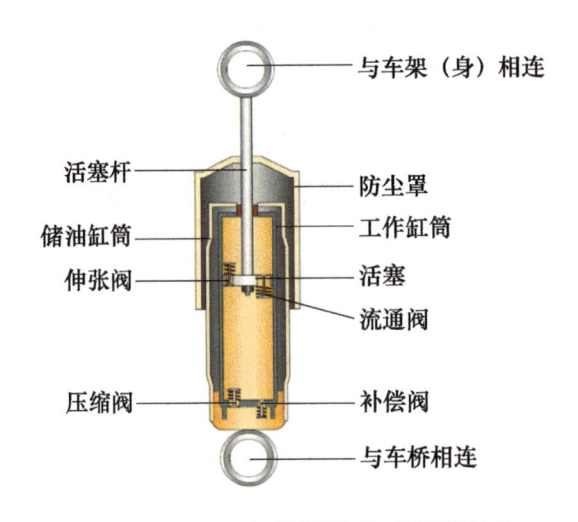

图 3-3-8 双向作用筒式减振器结构

双向作用筒式减振器的工作原理可用压缩和伸张两个行程加以说明。

① 压缩行程。当车桥移近车架（或车身）时，减振器受压缩，活塞下移，使其下方腔室容积减小，油压升高。具有一定压力的油液顶开流通阀进入活塞上方腔室。由于活塞杆占去上腔室的部分容积，使上腔室增加的容积小于下腔室减小的容积，因此还有一部分油液不能进入上腔室而只能压开压缩阀，进而流回储油缸筒。油液流经上述阀孔时，受到一定的节流阻力，为克服这种阻力而消耗了振动能量，因而使振动衰减，如图 3-3-9 所示。

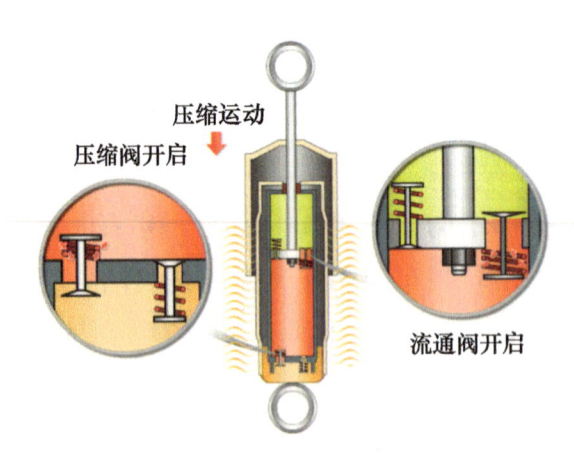

图 3-3-9 双向作用筒式减振器压缩行程工作原理

② 伸张行程。当车桥相对远离车架（或车身）时，减振器受拉伸，活塞上移，使其上腔室油压升高，上腔室的油液便推开伸张阀流入下腔室。同样，由于活塞杆的存在，上腔室减小的容积小于下腔室增加的容积，因而从上腔室

流出来的油液不足以充满下腔室所增加的容积，使下腔室产生一定的真空度，这时储油缸筒中的油液在真空度作用下推开补偿阀流进下腔室进行补充，如图 3-3-10 所示。

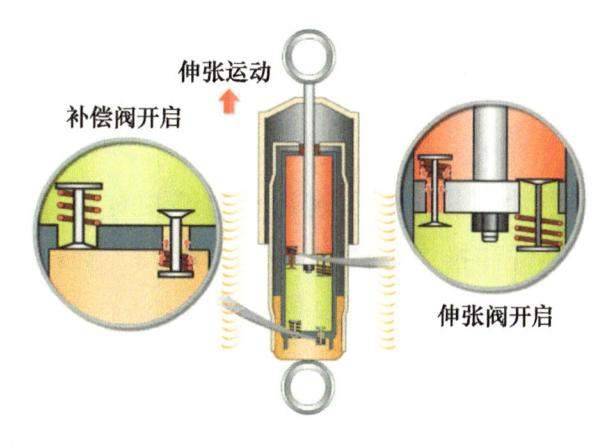

图 3-3-10　双向作用筒式减振器伸张行程工作原理

从上面的原理分析可以得知，这种减振器在压缩、伸张两个行程都能起减振作用，因此称为双向作用减振器。

（2）充气式减振器

充气式减振器结构如图 3-3-11 所示，其结构特点是缸筒的下部装有一个浮动活塞，在浮动活塞与缸筒一端形成的密闭气室中，充有高压氮气。浮动活塞的上面是减振器油液；浮动活塞上装有 O 形密封圈，它把油和气完全分开，因

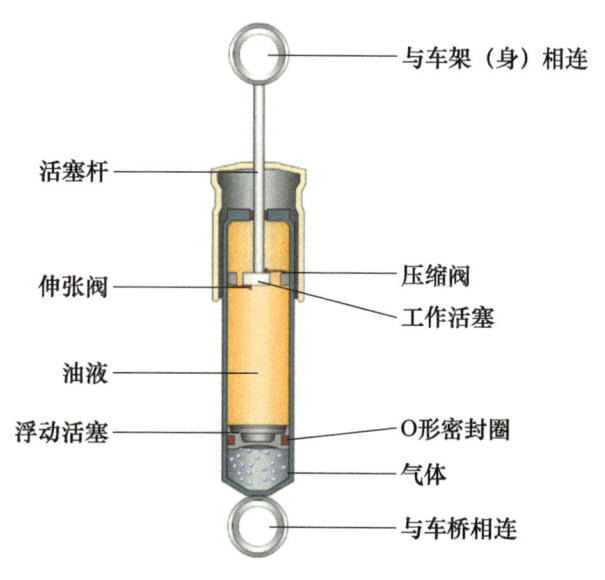

图 3-3-11　充气式减振器结构

此该活塞也称为封气活塞。工作活塞上装有压缩阀和伸张阀，这两个阀都是由一组厚度相同、直径不等、由大到小排列的弹簧钢片组成的。

当车轮上下跳动时，工作活塞在油液中做往复运动，使工作活塞的上、下腔之间产生油压差，压力较高的油液便推开压缩阀或伸张阀来回流动。阀孔对压力油产生较大的阻尼力，使振动衰减。

3. 导向机构

导向机构的作用是使车轮按照一定运动轨迹相对车身运动，同时传递力。常见的导向机构有控制臂和推力杆两种。控制臂可根据在车上布置形式不同分为纵臂、横臂和斜臂3种；推力杆用来传递车轮与车架之间的力，并影响车轮相对车架的运动关系，可分为横向推力杆和纵向推力杆，分别用来传递横向力和纵向力。

4. 横向稳定杆

横向稳定杆又称为防倾杆、平衡杆，是汽车悬架中的一种辅助弹性元件。有些轿车和客车为了防止车身在转向等情况下发生过大的横向倾斜，在悬架中加设有横向稳定杆，目的是提高侧倾刚度，减小倾斜，提升汽车的操纵稳定性和行驶平顺性。

三、悬架的类型

悬架的类型因分类方式不同而有所区别。

按控制形式不同，悬架可分为被动式悬架和主动式悬架。被动式悬架使汽车姿态（状态）只能被动地取决于路面、行驶状况和汽车的弹性元件、导向装置以及减振器这些机械零件。主动悬架可根据路面和行驶工况自动调整悬架刚度和阻尼，从而使车辆能主动控制垂直振动及其车身或车架的姿态。

按汽车导向装置的不同，悬架又可分为非独立悬架和独立悬架，如图3-3-12、图3-3-13所示。

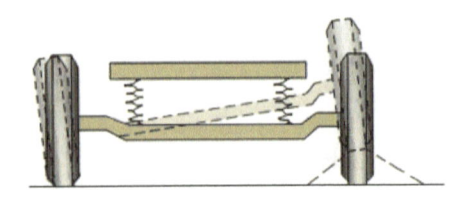

图 3-3-12　非独立悬架　　　　图 3-3-13　独立悬架

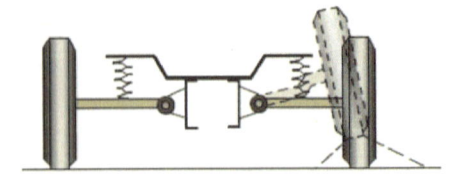

1. 非独立悬架

非独立悬架的结构特点是两侧的车轮由一根整体式车桥相连，车轮连同车桥一起通过弹性悬架与车架或车身连接。当一侧车轮因道路不平而发生跳动时，必然引起另一侧车轮在汽车横向平面内发生摆动，故称为非独立悬架。按照弹性元件的不同，非独立悬架可以分为钢板弹簧式非独立悬架和螺旋弹簧式非独立悬架，如图 3-3-14、图 3-3-15 所示。

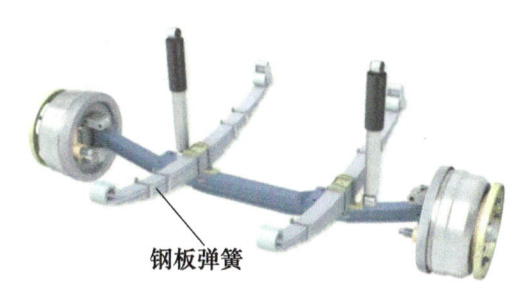

图 3-3-14　钢板弹簧式非独立悬架

图 3-3-15　螺旋弹簧式非独立悬架

非独立悬架具有结构简单、成本低、强度高、保养容易、行车中前轮定位变化小的优点，但由于其舒适性及操纵稳定性都相对较差，在现代轿车中只有成本控制比较严格的车型才会使用，更多地用于货车和大客车上，但也有部分轿车后悬架采用非独立悬架。

2. 独立悬架

独立悬架的车桥是断开的，每一侧的车轮可以单独地通过弹性悬架与车架或车身连接，两侧车轮可以单独跳动，互不影响，故称为独立悬架。按其结构形式的不同，独立悬架可分为横臂式、纵臂式、叉臂式、多连杆式、烛式以及麦弗逊式等（图 3-3-16~图 3-3-21）。

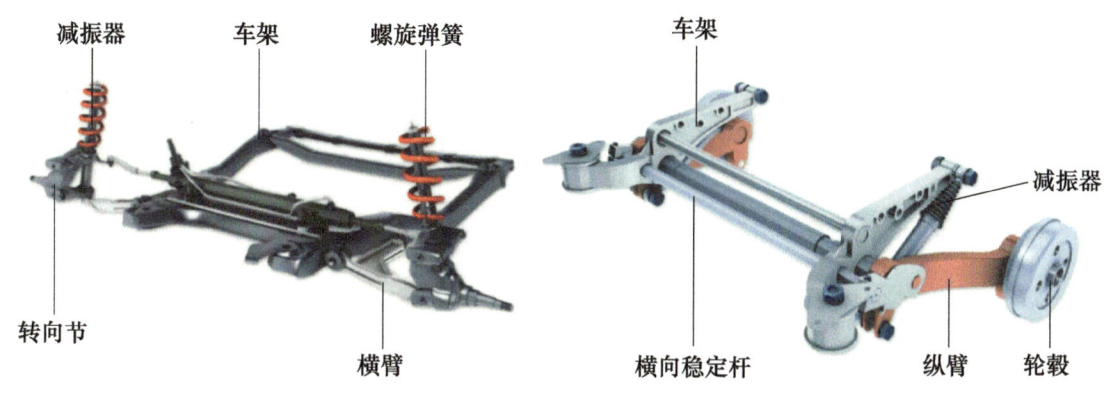

图 3-3-16　横臂式独立悬架

图 3-3-17　纵臂式独立悬架

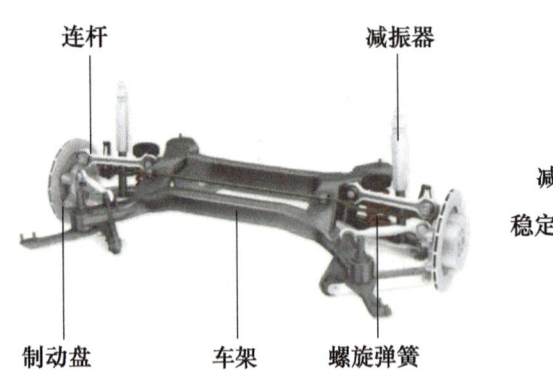

图 3-3-18 叉臂式独立悬架

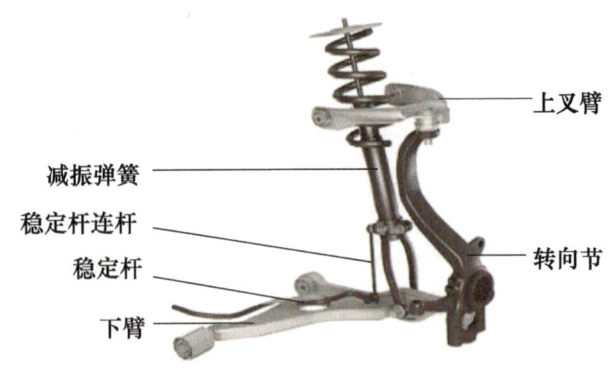

图 3-3-19 多连杆式独立悬架

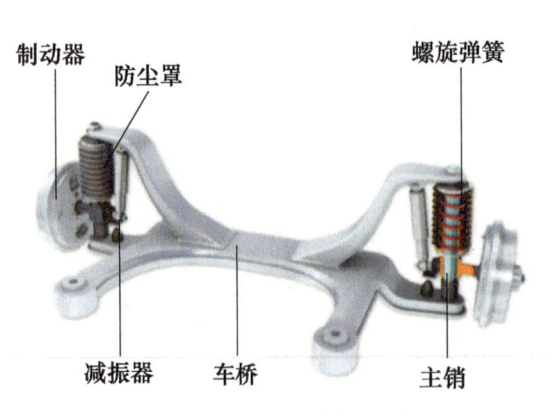

图 3-3-20 烛式独立悬架

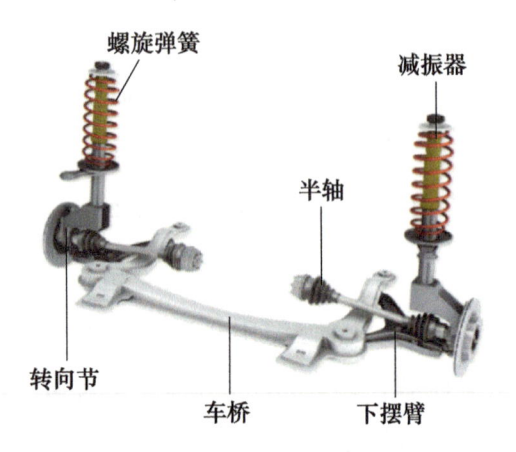

图 3-3-21 麦弗逊式独立悬架

独立悬架的优点如下：

1）重量轻，减少了车身受到的冲击，并提高了车轮的地面附着力。

2）可用刚度较小的弹簧改善汽车的舒适性。

3）可以使发动机位置降低，汽车重心也得到降低，从而提高汽车的行驶稳定性。

4）左右车轮单独跳动，互不影响，能减小车身的倾斜和振动。

不过，独立悬架也存在着结构复杂、成本高和维修不便的缺点，同时因为结构复杂，会侵占一些车内乘坐空间，在轿车和越野汽车上应用较多。

四、悬架的拆装注意事项

以 2018 款别克威朗轿车为例：

1）拆装悬架时要注意弹簧压缩器的正确使用。

2）拆装螺旋弹簧时，为防止弹簧弹飞零件或工具，作业时最好佩戴护目镜。

3）从车辆上拆下减振器时，需要将车辆停稳，用三角块塞住车轮，并用千斤顶或垫块支撑车桥。

4）拆装减振器时，可以使用专用台架，将总成固定到弹簧压缩工具上，并确保挂钩正确挂接。

5）车辆通常更换前减振器后，车轮定位会发生变化，所以更换减振器后，必须重新进行车轮定位。

五、悬架的维修

以 2018 款别克威朗为例进行相关检查操作。

1. 就车检查

1）检查减振器减振力。在车前、车后通过上下晃动车身确定减振器减振力的大小，并检查车身停止晃动的时间长短。

2）检查车辆倾斜。目视观察车辆是否倾斜，如果车辆倾斜还需检查轮胎气压、左右车轮的尺寸及车辆承载是否均匀。

2. 减振器的维修

减振器常见的故障主要有漏油、减振器效能降低、减振器异响三方面。当减振器损坏后，车辆行驶在较坏的路面上时，减振器会发出异响，用手触摸减振器，正常的减振器只会微热，损坏的减振器会烫手或不热。减振器具体检查内容如下：

1）检查是否有漏油痕迹。如图 3-3-22 所示，目测减振器，若有轻微的漏油，还可以继续使用；如果严重漏油，则需要更换减振器。

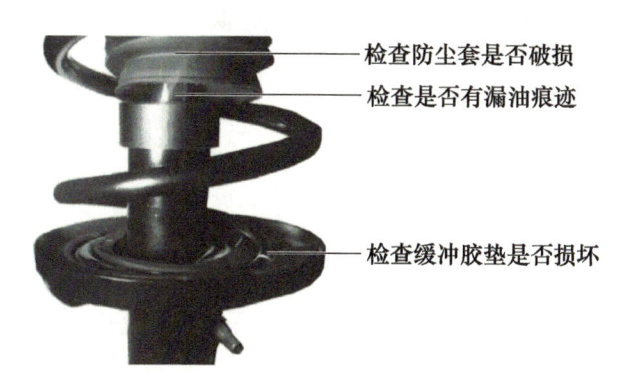

图 3-3-22 减振器的检查

2）检查防尘套是否破损。如图3-3-22所示，检查减振器的防尘套是否出现裂开，如果出现裂开或其他形式的损坏，必须更换新件。

⚠ **注意**　减振器内部如果出现泥沙，可能是因为防尘套不能起到防尘作用，需要仔细检查防尘套是否松旷或存在其他形式的损坏。

3）检查缓冲胶垫是否损坏。如图3-3-22所示，检查减振器缓冲胶垫、顶胶、胶套等是否出现损伤、龟裂及老化的现象。如果有，需要更换新件。

4）检查减振器轴承。如图3-3-23所示，检查减振器支撑轴承是否出现损坏，转动减振器支撑轴承应灵活，没有发卡的现象，否则应更换。

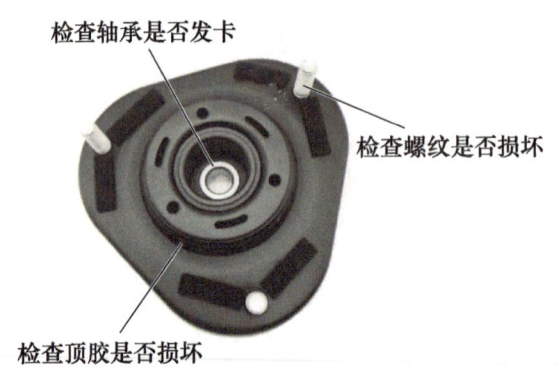

图3-3-23　检查减振器顶胶和轴承

5）检查减振器阻力。将拆下的减振器进行压缩和拉伸，正常时应感觉到有阻力，拉伸的阻力要比压缩时的阻力大很多。

⚠ **思考**　减振器的作用是什么？如果减振器损坏会造成什么样的结果？

3. 弹簧的检查

1）检查螺旋弹簧有无损坏与变形，并测量螺旋弹簧的自由长度和原厂手册标准是否一致，如果相差较明显，需要将其更换。

2）检查螺旋弹簧上座、下座和上下座的胶垫是否出现损坏，如有损坏，应对弹簧座进行修复或更换。

4. 其他检查

1）检查悬架的其他部位，如摆臂、稳定杆、推力杆等是否损坏。

2）用手晃动悬架的主要元件，检查是否有磨损或松动。最后，用扭力扳手将螺母或螺栓按规定力矩紧固。

课程育人

悬架如同人体的膝关节一样，起到了连接和减振的作用。因为有了悬架系统，可以衰减车体的颠簸，人们在驾乘车辆时，才不会感受到剧烈的振动。20世纪50年代，国外高档车都普遍使用了空气弹簧系统，在国内，直到90年代后期，进口空气悬架才开始广泛应用在公交车和大巴车上。

2006年，33岁的博士毕业生张广世回到四方车辆研究所，带着自己的"汽车梦"投身到了空气弹簧国产化项目中。他想要研发出国产空气悬架系统，抢占国外市场，甚至走出国门，让国外的车辆用上"青岛制造"。于是，他不惜倾其所有，在家人的支持下，从零开始，孤注创业。2014年，张广世成立青岛浩釜铭车辆科技公司，成为第一批入驻青岛博士创业园的企业，最核心的"乘用车电控悬架技术"项目通过国家科技部鉴定，达到"国际先进水平"，同时申请了4项发明专利。回望这一路，是张广世对梦想的执着支撑着他度过了一个又一个"白加黑"的奋斗日子。

现如今，他的企业蒸蒸日上，不断发展壮大，比起以前，现在的压力和强度更大，但张广世说，每一步市场的开拓、每一次洽谈的成功、每一个细节的改进，他都能感受到价值得以体现的巨大喜悦。

> ⚠ **思考** 张广世的成功是偶然吗？他付出了哪些努力？

巩固提升

一、选择题

1. 汽车悬架是（　　）与车桥之间的弹性传力装置。
   A. 车架　　　　　B. 车轮
   C. 减振器　　　　D. 车厢

2. 轿车通常采用（　　）悬架。
   A. 独立　　　　　B. 非独立
   C. 平衡　　　　　D. 非平衡

3. 筒式减振器的工作过程可分为压缩和（　　）两个行程。
   A. 进油　　　　　B. 伸张
   C. 回油　　　　　D. 制动

4. 螺旋弹簧悬架中必须另装（　　）起衰减振动的作用。
   A. 导向机构　　　　B. 弹性元件
   C. 横向稳定杆　　　D. 减振器
5. 下列说法不正确的是（　　）。
   A. 被动式悬架使汽车姿态（状态）只能被动地取决于路面、行驶状况和汽车的弹性元件、导向装置以及减振器这些机械零件
   B. 主动悬架可根据路面和行驶工况自动调整悬架刚度和阻尼，从而使车辆能主动控制垂直振动及其车身或车架的姿态
   C. 非独立悬架的特点是当一侧车轮因道路不平而发生跳动时，不会引起另一侧车轮在汽车横向平面内发生摆动
   D. 独立悬架的特点是车桥是断开的，每一侧的车轮可以单独地通过弹性悬架与车架或车身连接，两侧车轮可以单独跳动，互不影响

二、判断题

1. 任何汽车的悬架都必须设置弹性元件、减振器和导向机构3部分。（　　）
2. 钢板弹簧的中部一般用U形螺栓固定在车桥上。（　　）
3. 减振器在汽车行驶中出现发热是正常的。（　　）
4. 在多数的轿车和客车上，为防止车身在转向行驶等情况下发生过大的横向倾斜，在悬架中还设有辅助弹性元件——弹簧稳定器。（　　）
5. 减振器的工作情况可通过车辆振动的衰减程度来检查。（　　）

项目四 转向系统的构造与维修

汽车转向系统的作用是控制汽车行驶方向，使汽车能够按照驾驶人的意愿改变其行驶方向及保持直线行驶。汽车转向时，驾驶人通过操纵转向盘使转向车轮绕主销偏转相应的角度，当达到驾驶人预期的行驶方向时回正转向盘，使转向车轮回位并在新的行驶方向上直线行驶。

认识汽车转向系统

汽车转向系统按照其转向能源及控制方式的不同分为机械转向系统、机械液压助力转向系统、电控液压助力转向系统和电动助力转向系统 4 种。

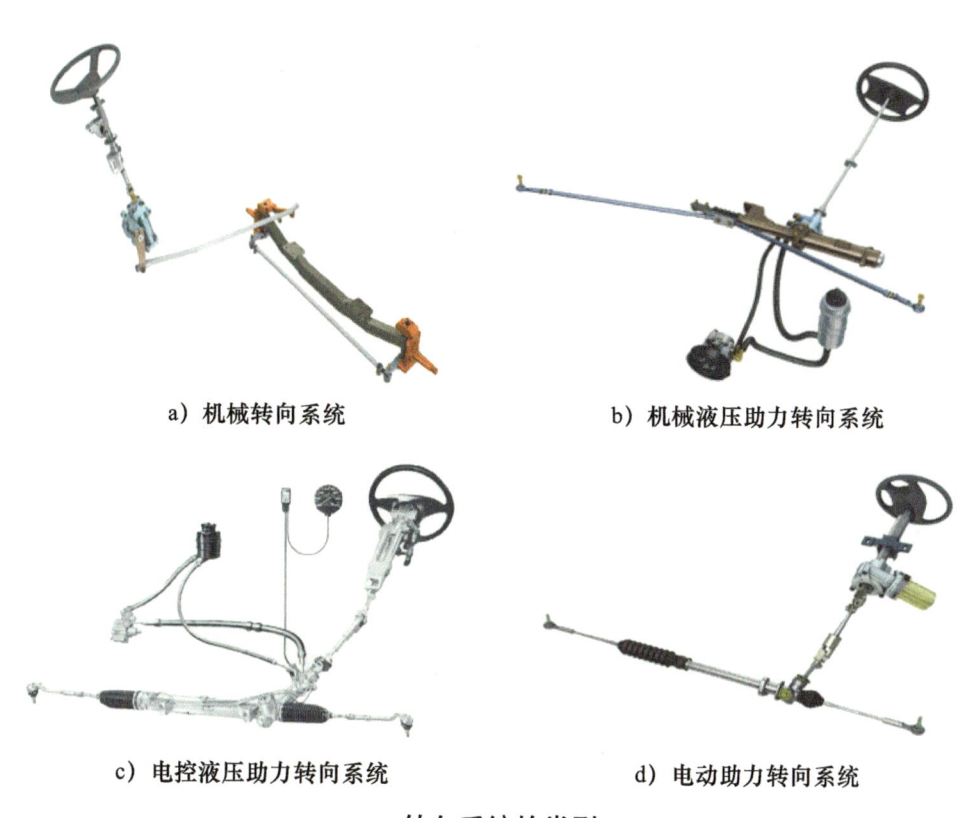

a）机械转向系统

b）机械液压助力转向系统

c）电控液压助力转向系统

d）电动助力转向系统

转向系统的类型

✎ 学习目标

知识目标

1. 能够描述机械转向系统的结构及工作原理。

2. 能够描述机械、电控液压助力转向系统的结构及工作原理。

3. 能够描述电动助力转向系统的结构及工作原理。

技能目标

1. 能够完成转向盘自由行程的检查。

2. 能够完成转向管柱、转向传动机构的检修。

3. 能够完成机械液压助力转向系统的检修。

4. 能够完成电动助力转向系统转向机的更换。

素养目标

1. 培养良好的职业道德和工匠精神。

2. 培养安全意识和团队协作精神。

3. 培养自我管理和自主学习能力。

学习任务一　机械转向系统的结构与维修

情景导入

客户李先生驾驶一辆2018款五菱之光面包车，在转向时出现转向异响和沉重现象。维修技师初步检查后发现转向器防尘套破损，为了确定具体故障原因，需对转向系统做进一步检查。作为汽车维修技师，请仔细查看服务顾问提供的接车问诊表，并针对故障进行后续处理。

接车问诊表

车牌号：黑A*****　车架号：LZWAC******234567　行驶里程：70000（km）
用户名：李**　电话：133****0112　来店时间：2022.9.5
用户陈述及故障发生时的状况：转向异响和沉重
接车员检测确认建议：检查汽车转向系统
车间检测确认结果及主要故障零部件：
车间检查确认者：

（续）

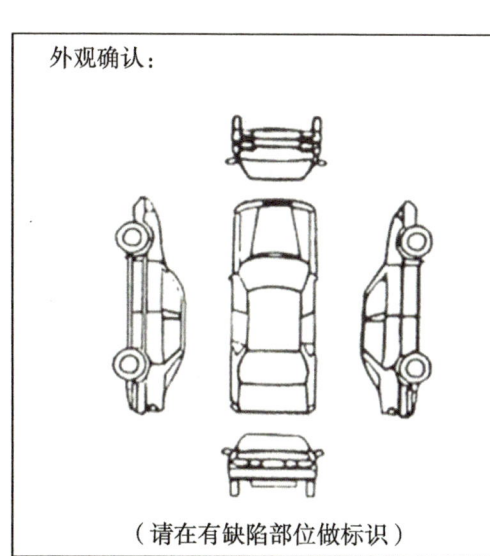

外观确认： （请在有缺陷部位做标识）	功能确认：（工作正常√　不正常×） ☑音响系统　☑门锁（防盗器）　☑全车灯光 ☑工具　☑后视镜　☑天窗　☑座椅 ☑点烟器　☑玻璃升降器　☑玻璃
	物品确认：（有√　无×） 贵重物品提示 ☑工具　☑备胎 ☑灭火器　☑其他（　　　） 旧件是否交还用户 ☑是　☐否 用户是否需要洗车 ☑是　☐否

- 检测费说明：本次检测的故障如用户在本店维修，检测费包含在修理费用内；如用户不在本店维修，请您支付检测费。本次检测费：×××元。
- 贵重物品：在将车辆交给我店检查修理前，已提示将车内贵重物品自行收起并保存好，如有遗失恕不负责。

接车员：王**　用户确认：李**

一、机械转向系统的结构及工作原理

机械转向系统是以驾驶人的体力作为转向能源，又称人力转向系统。机械转向系统由转向操纵机构（包括转向盘、转向轴、转向万向节）、转向器和转向传动机构（包括转向摇臂、转向直拉杆、转向节臂、转向横拉杆、转向节及左右梯形臂）3部分组成，如图4-1-1所示。

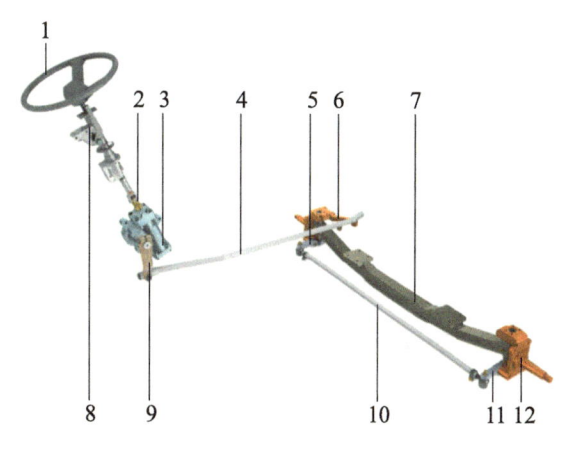

当驾驶人转动转向盘时，通过转向轴和转向万向节，将转向力矩输入转向器，经转向器增大力矩后传到转向摇臂，再通过转向直拉杆传给固定在左转向节上的转向节臂，使左转向节及其上的左转向轮绕主

图4-1-1　机械转向系统的组成
1—转向盘　2—转向万向节　3—转向器
4—转向直拉杆　5—左梯形臂　6—转向节臂
7—车桥　8—转向轴　9—转向摇臂
10—转向横拉杆　11—右梯形臂　12—转向节

销偏转。同时，左梯形臂经转向横拉杆和右梯形臂使右转向节及右转向轮绕主销向同一方向偏转，从而实现转向。

二、转向操纵机构

转向操纵机构的功用是将驾驶人作用在转向盘上的力传递到转向器，主要包括转向盘、转向轴和转向万向节 3 部分。

1. 转向盘

转向盘由轮圈、轮辐和轮毂组成。选装安全气囊的车辆转向盘内还装有气囊总成。转向盘安装在驾驶室内，轮圈一般由钢管骨架外包醋酸纤维等可塑材料制成，有的采用整体泡沫聚氨酯表皮，内部填充聚氨酯泡沫，本体为钢骨架结构。轮辐一般为 2~4 根辐条。轮毂有圆孔和键槽，用键和螺母将转向盘固定在转向轴的锥形轴端上。

当汽车发生碰撞时，出于安全性考虑，不仅要求转向盘应具有柔软的外表皮，从而起到缓冲作用，而且还要求转向盘在撞车时，其骨架能产生变形，以吸收冲击的能量，减轻对驾驶人的伤害。

⚠ **思考** 作为专业的维修技师，你觉得汽车转向盘是否需要保养呢？你会对客户的汽车转向盘提出怎样的保养建议呢？

2. 转向轴

转向轴多用无缝钢管制成，它的上部用轴承或衬套支撑在转向柱管内，下部支撑在下固定支架内的轴承中。转向柱管的下端压装在下固定支架的孔内，下固定支架用两个螺栓固定在驾驶室底板上，转向柱管的上端通过上支架固定在驾驶室前仪表板上。

为了保证驾驶人的安全，同时也为了更加舒适、可靠地操纵转向系统，现代汽车通常在转向操纵机构上增设相应的安全、调节装置。

三、转向器

转向器的功用是增大由转向盘传到转向节的力并改变力的传递方向，由此获得所要求的摆动速度和角度。

转向器的种类很多，按作用力的传递情况分为可逆式、不可逆式和极限可逆式；按结构形式又分为齿轮齿条式、循环球式、蜗杆曲柄指销式和蜗杆滚轮式。

1. 齿轮齿条式转向器

如图4-1-2所示，齿轮齿条式转向器主要由输入轴及小齿轮、齿条、转向器壳体等组成。输入轴使用轴承支撑在转向器壳体中，并且采用油封密封。它上部通过花键与转向柱下万向节配合，下部加工有小齿轮，小齿轮与齿条啮合。齿条装在管形转向器壳体内，并通过弹簧及压块紧压在输入轴的小齿轮上，以减轻或避免小齿条受到振动或冲击。齿条两端通过球节（通常称为内球节）连接转向横拉杆，球节可以满足转向轮相对于转向器空间运动的要求。管形转向器壳体两侧各装有一个防护罩，并用卡箍紧固，它们将齿条、转向横拉杆、内球节等密封起来，可防止水、灰尘或者其他污染物进入转向器。

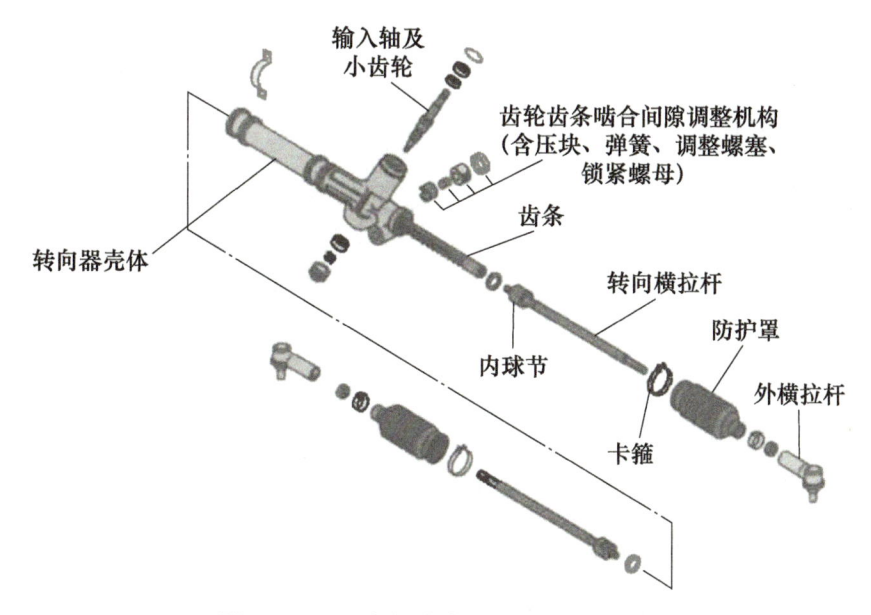

图4-1-2 齿轮齿条式转向器的结构

如图4-1-3所示，转向时输入轴上的小齿轮从转向轴获得旋转力矩，驱动与之啮合的齿条作横向移动，与齿条直接连接的转向横拉杆也随之横向移动，从而驱动转向传动机构中的其他部件工作，使转向轮偏转相应的角度，最终实现汽车转向。

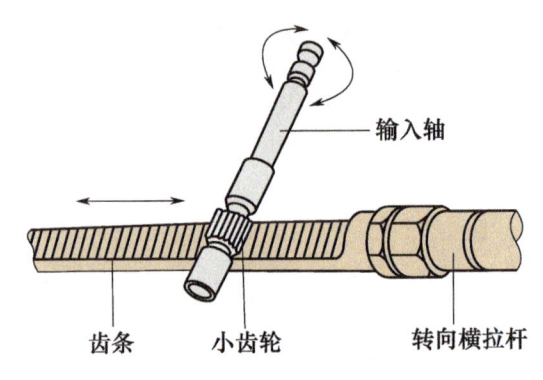

图 4-1-3　齿轮齿条式转向器的工作原理

当齿轮齿条机构出现卡滞、松旷及转动困难时，需要检查齿轮齿条啮合间隙。齿轮齿条啮合间隙由专门的调整机构调整，调整装置包括齿条压块、调整螺塞、锁紧螺母及弹簧等，如图 4-1-4a 所示。当调整螺塞向转向器壳体旋入时，啮合间隙减小；当调整螺塞向转向器壳体旋出时，啮合间隙增大，如图 4-1-4b 所示。齿轮齿条啮合间隙的调整可参照以下步骤进行：

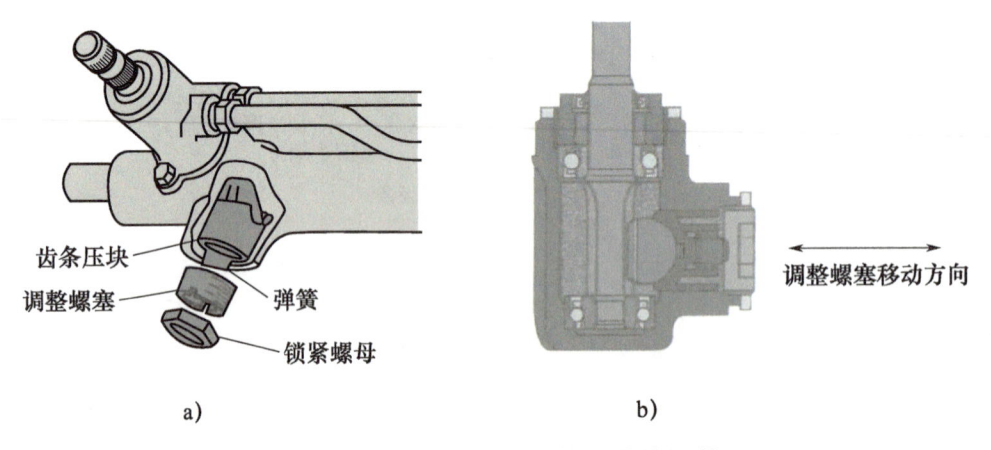

图 4-1-4　齿轮齿条式转向器的调整

① 松开调整螺塞锁紧螺母。
② 顺时针旋转调整螺塞至极限位置。
③ 逆时针将调整螺塞回旋 50°~70°。
④ 按照规定力矩紧固锁紧螺母。

齿轮齿条啮合间隙还受输入轴轴承预紧力的影响，因此输入轴轴承预紧力也需要调整，它一般通过螺纹调整机构或者更换垫片来调整。有些转向器需要松开齿条压块或拆下齿条才能调整输入轴轴承预紧力，因此应该先调整输入轴轴承预紧力，然后调整齿轮齿条的啮合间隙。

2. 循环球式转向器

如图 4-1-5 所示，循环球式转向器主要由输入轴及转向螺杆、转向螺母、钢球、钢球导管、齿扇轴（摇臂轴）、转向器壳体等组成。输入轴用两个轴承支撑在转向器壳体内部，其末端加工有两段或三段螺旋槽，呈螺杆状，因此被称为转向螺杆。转向螺母安装在转向螺杆上，其内部加工有与转向螺杆对应的螺旋槽，二者的螺旋槽配合形成螺旋管道。转向螺母的上平面有两对通孔，U形钢球导管的两端插入这两对通孔中，与转向螺母内的螺旋管道组合成两条独立的闭合钢球滚道，滚道内部装满钢球，且钢球可以循环滚动。转向螺母的下平面加工成齿条，与齿扇轴上的齿扇啮合。齿扇轴由两个衬套支撑，一端支撑

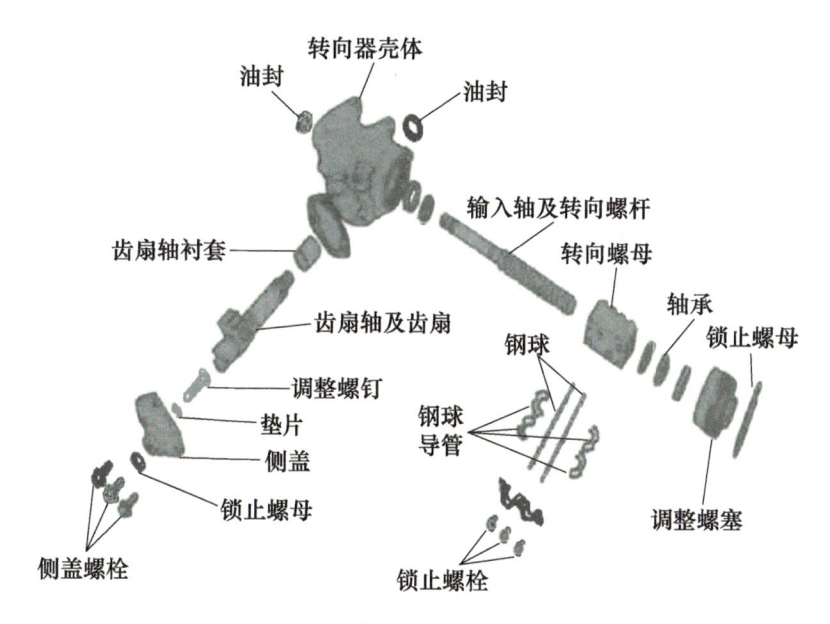

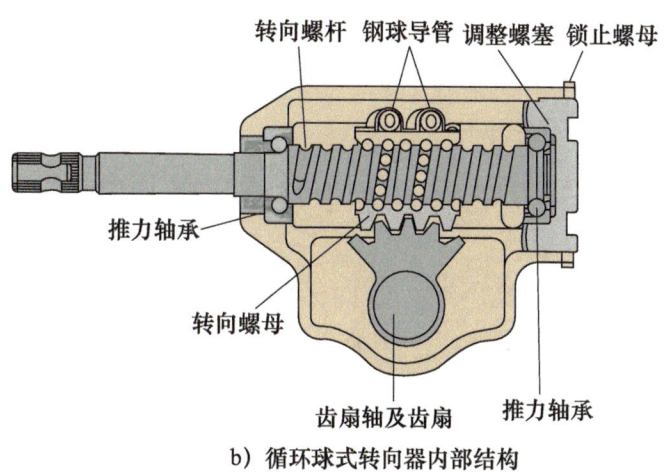

a) 循环球式转向器线圈组成

b) 循环球式转向器内部结构

图 4-1-5 循环球式转向器的结构

在转向器壳体侧盖中，该侧盖中安装有齿条齿扇啮合间隙调整机构；另一端支撑在转向器壳体中，并伸出转向器壳体，通过细齿花键连接转向摇臂，因此齿扇轴也叫摇臂轴。

转向盘通过转向轴等部件带动转向器输入轴及转向螺杆转动，转向螺母在转向螺杆上做轴向移动，但不能转动。转向螺母齿条驱动与之啮合的齿扇（齿扇轴）转动，从而带动转向摇臂摆动，转向摇臂带动转向传动机构上的其他部件运动，使转向轮偏转相应的角度，实现汽车转向。

在转向螺杆、转向螺母及钢球之间摩擦力的作用下，所有钢球在螺旋管道内滚动，形成"球流"，且球流在其各自的闭合滚道内循环，于是转向螺杆、转向螺母之间的滑动摩擦变为滚动摩擦，降低了摩擦力。

循环球式转向器的齿扇齿条啮合间隙通过调整螺钉调整，如图4-1-6所示。调整螺钉与齿扇轴配合，安装在转向器侧盖上，该调整螺钉顺时针旋入，齿扇齿条啮合间隙减小；反之，齿扇齿条啮合间隙增大。齿扇齿条啮合间隙调整的详细步骤可参见相应车型的维修手册。

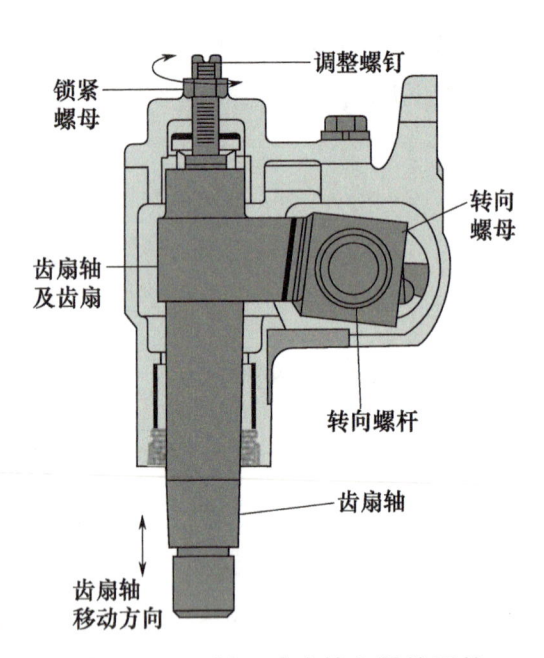

图4-1-6 循环球式转向器的调整

四、转向传动机构

转向传动机构的功用是将转向器输出的运动和动力传给转向轮，使之偏转，以实现汽车的转向。

转向传动机构由转向摇臂、转向直拉杆、转向横拉杆、转向节臂、转向节及左右梯形臂组成。

根据配合的悬架系统不同，转向传动机构可分为与非独立悬架配用的转向传动机构和与独立悬架配用的转向传动机构。

1. 与非独立悬架配用的转向传动机构

与非独立悬架配用的转向传动机构，其结构由转向摇臂、转向直拉杆、转

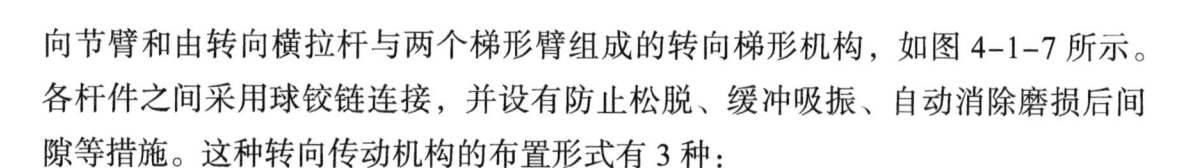

向节臂和由转向横拉杆与两个梯形臂组成的转向梯形机构，如图4-1-7所示。各杆件之间采用球铰链连接，并设有防止松脱、缓冲吸振、自动消除磨损后间隙等措施。这种转向传动机构的布置形式有3种：

一是在前桥仅为转向桥的情况下，将转向梯形布置在前桥之后，如图4-1-7a所示，这种布置形式称为后置式。这种布置简单方便，且后置的横拉杆有前面的车桥做保护，可避免与路面障碍物相碰撞而损坏。

二是在发动机位置较低或转向桥兼为驱动桥的情况下，往往将转向梯形布置在前桥之前，如图4-1-7b所示，这种布置形式称为前置式。

三是当转向摇臂不是在汽车纵向平面而是在与道路平行的平面内左右摆动时，可将转向直拉杆横置，并借球头销直接带动转向横拉杆，从而使左右梯形臂转动，如图4-1-7c所示。

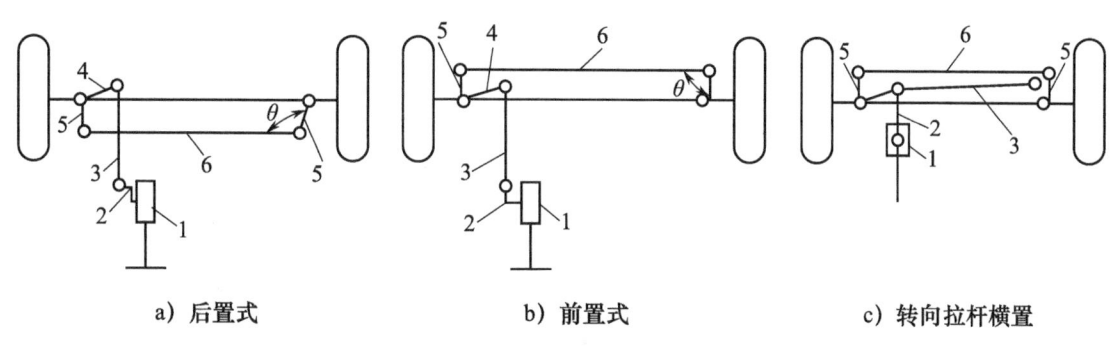

a) 后置式　　　　　　b) 前置式　　　　　　c) 转向拉杆横置

图 4-1-7　与非独立悬架配用的转向传动机构

1—转向器　2—转向摇臂　3—转向直拉杆　4—转向节臂
5—梯形臂　6—转向横拉杆

（1）转向摇臂

转向摇臂连着转向器和转向直拉杆，同时支撑转向直拉杆，其作用是将转向器输出的力和运动传给转向直拉杆和转向横拉杆，进而推动转向轮偏转。常见转向摇臂的结构形式如图4-1-8所示。

其大端具有三角形细花键锥形孔，用以与转向摇臂轴外端相连接，并用螺母固定；其小端带有球头销，以便与转向直拉杆作空间铰链连接。转向摇臂安装后从中间位置向两边摆动的角度应大致相等，故在把转向摇臂安装到摇臂上时，两者相应的角位置应正确。为此，在摇臂大孔外端和摇臂轴外端有装配标记，装配时应将标记对齐。

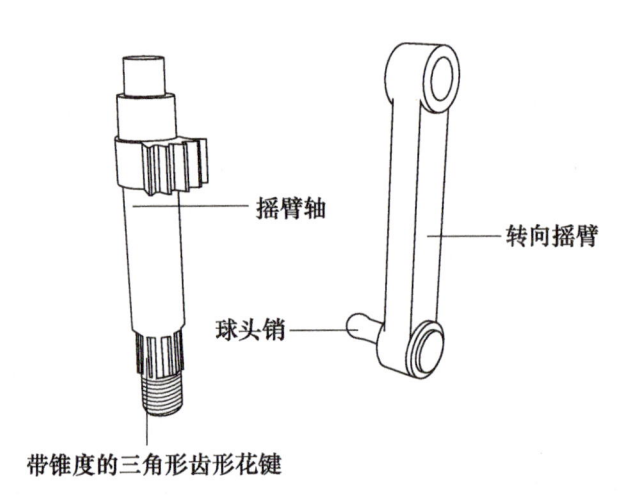

图 4-1-8 转向摇臂的结构

（2）转向直拉杆

转向直拉杆是连接转向摇臂和转向节臂的杆件，其结构如图 4-1-9 所示。

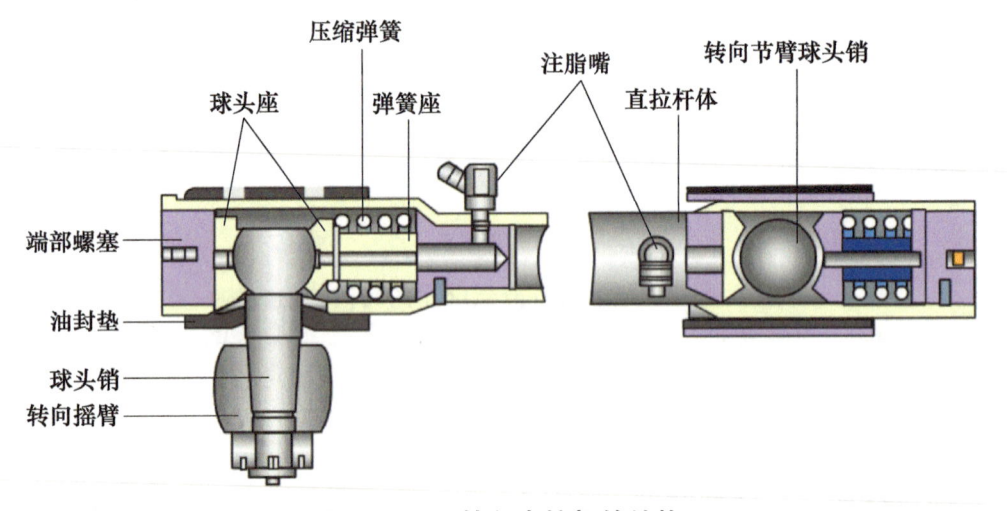

图 4-1-9 转向直拉杆的结构

直拉杆体由两端扩大了的钢管制成。在扩大的端部里装有由球头销、球头座、弹簧座、压缩弹簧和端部螺塞等组成的球铰链。球头销的锥形部分与转向摇臂连接，并用螺母固定；球头部分的两侧与两个球头座配合，前球头座压靠在端部螺塞上，后球头座在压缩弹簧的作用下压靠在球头座上，这样，两个球头座就将球头紧紧夹持住。为保证球头与座的润滑，可从注脂嘴注入润滑脂。

压缩弹簧能自动消除因球头与座磨损而产生的间隙，并可缓和由转向轮经转向节臂球头销传来的向前冲击。弹簧座的小端与球头座之间留有不大的间隙，作为弹簧缓冲的余地,并可限制缓冲时弹簧的压缩量。此外,当弹簧折断时此间隙可保证球头销不至从管孔中脱出。端部螺塞可以调整此间隙。为了使转向直拉杆在受到向前或向后的冲击力时,都有一个弹簧起缓冲作用,两端的压缩弹簧应装在各自球头销的同一侧。

(3) 转向横拉杆

转向横拉杆是连接左右梯形臂并使其协调工作的杆件,其结构如图 4-1-10 所示。

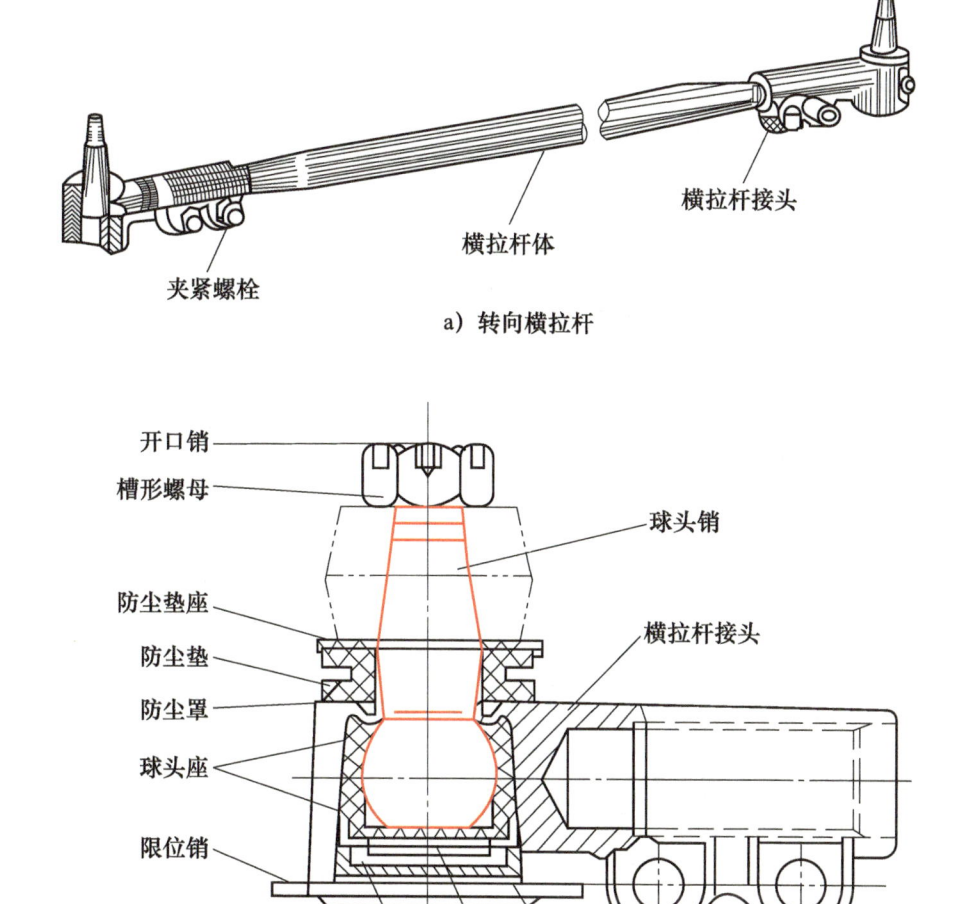

a) 转向横拉杆

b) 接头

图 4-1-10 转向横拉杆的结构

转向横拉杆由横拉杆体和旋装在两端的接头组成,两端的接头结构相同。其中,球头销的锥形部分与梯形臂相连。在横拉杆两端的接头上装有由球头销等零件组成的球形铰链。球头销的球头部分被夹在上下球头座内，上、下球头座用聚甲醛制成，有良好的耐磨性。装配时，两球头座的凹凸部分相互嵌合。弹簧通过弹簧座压向球头座，以保证球头销与球头座的紧密接触，并起缓冲作用，其预紧力由螺塞调整。

横拉杆体用钢管制成，两端通过螺纹与横拉杆接头旋装连接。接头的螺纹孔壁上开有的轴向切口具有弹性，旋装到杆体上后可用螺栓夹紧。螺纹一端为左旋，另一端为右旋，因此在旋松夹紧螺栓后，转动横拉杆体，即可改变横拉杆的长度，从而调整前轮前束。

2. 与独立悬架配用的转向传动机构

当转向轮为独立悬架时，每个转向轮都需要相对于车架作独立运动，因而转向桥必须使用断开式；与此相对应，转向传动机构中的转向梯形也必须是断开式，如图 4-1-11 所示。与独立悬架配用的转向器多为齿轮齿条式转向器，转向器配置在车身上，转向横拉杆通过球头销与齿条及转向节臂相连。

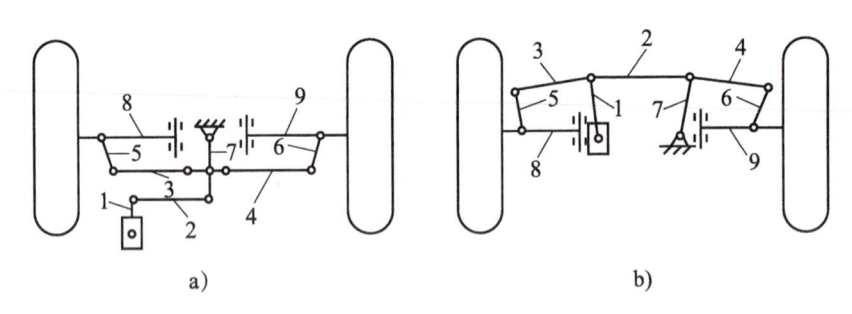

图 4-1-11　与独立悬架配用的转向传动机构
1—转向摇臂　2—转向直拉杆　3—左转向横拉杆　4—右转向横拉杆　5—左梯形臂
6—右梯形臂　7—摇杆　8—悬架左摆臂　9—悬架右摆臂

五、机械转向系统的拆装注意事项

以 2018 款五菱之光面包车为例：

1）拆卸机械转向系统前，应关闭点火开关以及断开蓄电池负极电缆。

2）拆卸转向盘时，应使前轮处于正前位置。

3）拆卸转向柱时，应注意不要损坏花键。

4）拆卸外拉杆球头时，应使用球头取出器。

5）安装机械转向系统后，应进行四轮定位以及检查转向盘自由间隙。

⚠ **思考**　拆卸外拉杆球头时，为什么要使用球头取出器，而不使用榔头？

六、转向盘自由行程的检查与调整

当出现转向不灵、转向迟缓或者转向过于灵敏等情况时,应考虑转向盘的自由行程是否符合要求,并进行相应的检查。具体检查方法如下:

平稳停放汽车,使前轮位于正中位置。在不转动前轮的情况下,用指尖向左、向右轻轻推动转向盘,在转向盘外圆周上使用钢直尺测量手感变重时(即轮胎开始转动)的自由行程,如图 4-1-12 所示。如该值在规定值 15~20mm 以内,说明状况良好。

图 4-1-12 转向盘自由行程的检查

如果转向盘的自由行程超过规定值,说明转向器齿轮与齿条啮合间隙偏大,或各连接处松旷,或齿轮和齿条磨损,调整补偿弹簧的压力可使齿条微量变形,实现无侧隙或小侧隙啮合。对于循环球式转向器也是同理,可以检查调整转向器的调整螺栓或转向操作机构、转向传动机构。

七、转向管柱的检修

1. 转向管柱的拆卸

图 4-1-13 所示为转向盘与转向管柱,具体拆卸步骤如下:

撬出转向盘上盖合件,拆卸喇叭开关线束插头,取出转向盘上盖合件,拆卸转向盘锁紧螺母,使用拉拔器取出转向盘,撬出点火开关锁体装饰盖,拧下组合开关上、下盖的连接螺钉,取出组合开关上、下盖,拆卸组合开关以及点火开关线束插头,拧下组合开关连接螺钉,取出组合开关,拆卸转向中间轴连接螺栓,拆卸转向管柱安装螺栓,取下转向管柱。

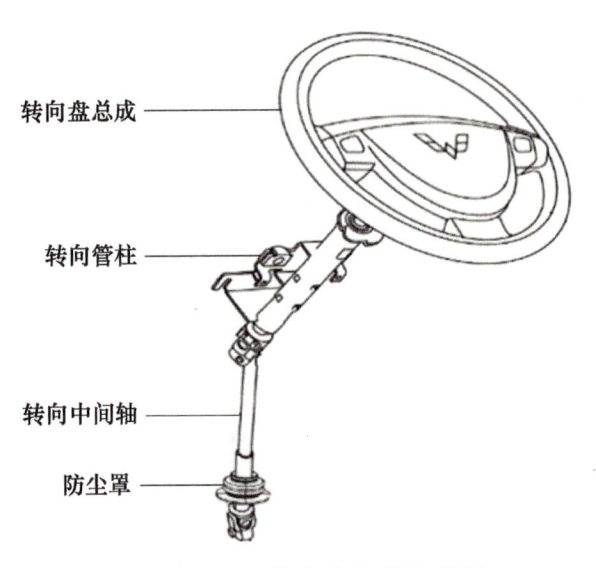

图 4-1-13　转向盘与转向管柱

2. 转向管柱的检查

1）测量转向管柱长度，如图 4-1-14 所示，长度应为 401mm±0.5mm。如不符合，则更换转向管柱。

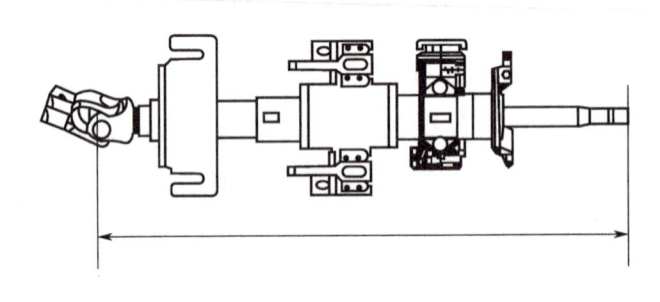

图 4-1-14　测量转向管柱长度

2）检查转向管柱下接头、转向中间轴下接头和转轴是否损伤，如裂纹、断裂、失灵或间隙太大等。

3）检查转向轴旋转是否灵活。如有卡滞或损坏，应更换转向管柱总成。

4）检查转向中间轴和转向管柱是否弯曲、裂纹或损坏。如有损坏，应更换转向中间轴或转向管柱。

3. 转向管柱的安装

转向管柱安装方法按照转向管柱拆卸相反顺序进行。

八、转向传动机构的检修

1. 转向传动机构的拆卸

拧松转向机左、右侧外拉杆锁紧螺母，旋出转向机左、右侧外拉杆，拆卸转向机左、右侧波纹罩箍带，如图 4-1-15 所示。取出转向机左、右波纹罩，撬开防松垫，拆卸转向机左、右内拉杆。

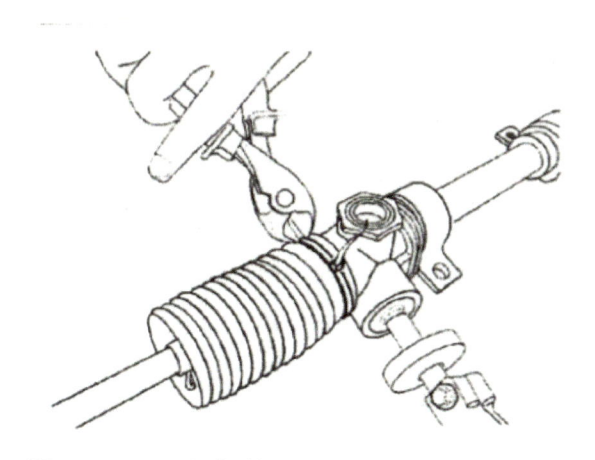

图 4-1-15　拆卸转向机左、右侧波纹罩箍带

2. 转向传动机构的检查

1）检查转向机左、右波纹罩是否破损。已破损的波纹罩会使尘土和水浸入，这就可能引起转向齿条与转向齿轮磨损、生锈，产生噪声，从而导致转向系统操作故障。即使发现微小的破损，也应更换新部件。

2）检查转向机左、右侧的内、外拉杆球头是否松动，若松动，则更换对应的拉杆球头。

3）检查转向机左、右侧的内、外拉杆锁紧螺母以及前束调节螺母是否紧固，若松动，则紧固对应拉杆锁紧螺母或前束调节螺母。

3. 转向传动机构的安装

转向传动机构安装方法按照转向传动机构拆卸相反顺序进行。

课程育人

联合大智（深圳）汽车服务有限公司技术组长李明权，是从湖北某乡村走出来的 2020 年全国劳动模范。

从 1977 年投身汽修行业至今，他从一名学徒做起，通过自己的努力，参加成人高考，圆梦大学，刻苦钻研汽车技术，参加各种汽修大赛，历经 23 年，终于成为一名实干型的高技能人才。

一路走来，他始终坚持不断地学习与创新。当年在一家汽车销售服务公司工作时，有一段时间频繁接到车主关于汽车喇叭摁不响的反馈。李明权分析故障车辆电路后发现，原来是转向盘下面转向柱的轴承转动时偶尔出现电阻过大现象，导致喇叭继电器不能闭合。于是，他针对线路进行改良，故障就此排除。

谈及今日的成功，他感慨颇深，他说："深圳是一座造梦之城，这里有着公平公正的就业环境，只要通过不断学习，成功只是时间问题。"现在的他依然不满足于成为一名"工匠"，希望能将汽车技术知识传播给更多的人，因为他深知任何技术发展得再好，不能流传下去也是白费，于是他再次出发，成为了一名"匠师"，为普及汽车技术贡献着自己的力量。

思考 你眼中的"成功"是什么样的？你觉得决定成功的最重要的因素是什么？

巩固提升

一、选择题

1. 下列不属于机械转向系统组成的是（　　）。
   A. 转向操纵机构　　　　B. 转向变速机构
   C. 转向传动机构　　　　D. 转向器

2. 下列不属于转向操纵机构组成的是（　　）。
   A. 转向摇臂　　　　　　B. 转向轴
   C. 转向管柱　　　　　　D. 转向盘

3. 转向操纵机构的功用是将驾驶人作用在转向盘上的力传递到（　　）。
   A. 转向器　　　　　　　B. 转向轴
   C. 转向节臂　　　　　　D. 转向管柱

4. （　　）连着转向器和转向直拉杆。
   A. 转向摇臂　　　　　　B. 转向节臂
   C. 转向横拉杆　　　　　D. 转向万向节

5. 转向盘自由行程规定值为（　　）。
   A. 10~15mm   B. 5~10mm
   C. 0~5mm   D. 15~20mm

二、判断题

1. 机械转向系统是以驾驶人的体力作为转向能源，又称人力转向系统。
　　　　　　　　　　　　　　　　　　　　　　　　　　　　（　　）
2. 转向摇臂的作用是将转向器输出的力和运动传给转向直拉杆和转向横拉杆。　　　　　　　　　　　　　　　　　　　　　　　　（　　）
3. 与独立悬架配用的转向器多为齿轮齿条式转向器。　　　　　（　　）
4. 安装机械转向系统后，无须进行四轮定位。　　　　　　　　（　　）
5. 齿轮齿条式转向器的转向盘自由行程过大时，说明转向器齿轮与齿条啮合间隙偏小。　　　　　　　　　　　　　　　　　　　　（　　）

学习任务二　液压助力转向系统的结构与维修

情景导入

客户贾先生驾驶一辆2016款五菱之光S面包车，高速行驶时，发动机舱突然传出"嗡、嗡、嗡"的响声，随后车辆出现转向沉重现象。维修技师初步检查后发现转向油壶严重缺油，为了确定具体故障原因，需对转向系统做进一步检查。作为汽车维修技师，请仔细查看服务顾问提供的接车问诊表，并针对故障进行后续处理。

接车问诊表

车牌号：黑A*****	车架号：LZWAC******234567	行驶里程：70000（km）
用户名：贾**	电话：150****2112	来店时间：2022.9.2

用户陈述及故障发生时的状况：高速行驶时，发动机舱传出"嗡、嗡、嗡"响声，随后车辆出现转向沉重现象
接车员检测确认建议：检查汽车转向系统
车间检测确认结果及主要故障零部件：
车间检查确认者：

外观确认： 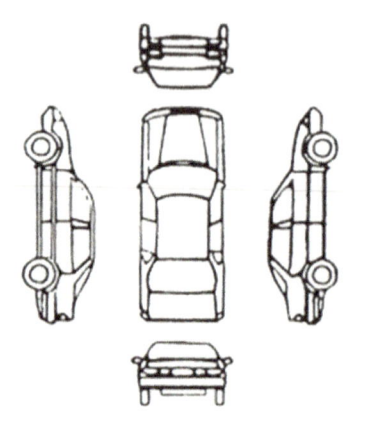 （请在有缺陷部位做标识）	功能确认：（工作正常√　不正常×） ☑音响系统　☑门锁（防盗器）　☑全车灯光 ☑工具　☑后视镜　☑天窗　☑座椅 ☑点烟器　☑玻璃升降器　☑玻璃 物品确认：（有√无×） 贵重物品提示 ☑工具　☑备胎 ☑灭火器　☑其他（　　　） 旧件是否交还用户 ☑是　□否 用户是否需要洗车 ☑是　□否

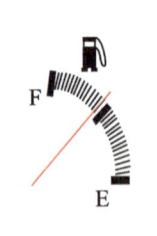

- 检测费说明：本次检测的故障如用户在本店维修，检测费包含在修理费用内；如用户不在本店维修，请您支付检测费。本次检测费：×××元。
- 贵重物品：在将车辆交给我店检查修理前，已提示将车内贵重物品自行收起并保存好，如有遗失恕不负责。

接车员：王**　用户确认：贾**

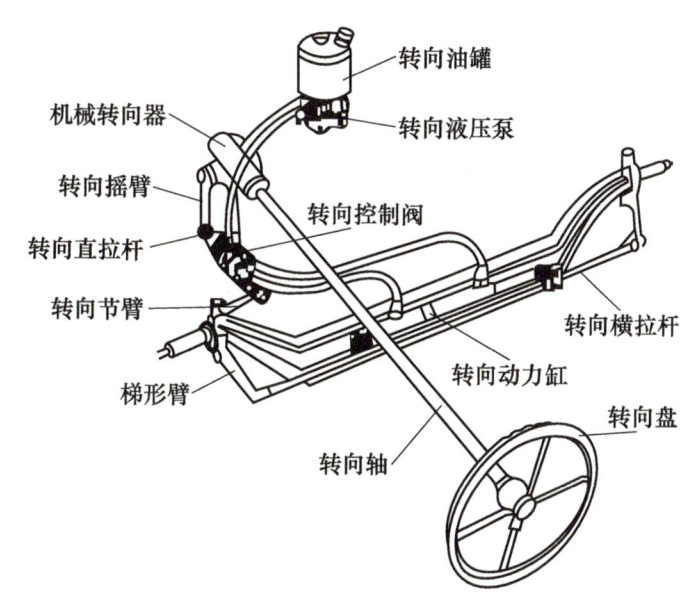

一、机械液压助力转向系统的结构及工作原理

液压助力转向系统按助力来源不同可分为机械液压助力转向系统和电控液压助力转向系统。机械液压助力转向系统简称 HPS，是在机械转向系统的基础上增设一套液压助力装置而形成的。

1. 机械液压助力转向系统的组成

机械液压助力转向系统主要由转向油罐、转向液压泵、转向控制阀和转向动力缸等组成，如图 4-2-1 所示。其中，转向油罐的作用是储存、滤清并冷却转向系统的工作油液；转向液压泵的作用是将发动机的机械能变为驱动转向动力缸工作的液压能，再由转向动力缸输出受控制的转向力，驱动转向车轮转向；转向控制阀的作用是根据驾驶人的转向意图控制油流方向，将油泵输出的工作油液引入到转向动力缸的相应腔室中，由动力缸活塞产生的推力使车轮转向。

图 4-2-1 机械液压助力转向系统的组成

2. 机械液压助力转向系统的工作原理

当驾驶人逆时针转动转向盘（左转向）时，转向摇臂带动转向直拉杆前移。转向直拉杆的拉力作用于转向节臂，并依次传到梯形臂和转向横拉杆，使转向轮左移。与此同时，转向直拉杆还带动转向控制阀中的滑阀，使转向动力缸的右腔接通液面压力为零的转向油罐，转向液压泵的高压油进入转向动力缸的左腔，于是转向动力缸的活塞受到向右的液压作用力便经推杆施加在转向横拉杆上，也使转向轮左移。这样，驾驶人施于转向盘上很小的转向力矩，便可克服地面作用于转向轮上的转向阻力矩，实现轻松转向。

3. 机械液压助力转向系统的分类

机械液压助力转向系统按液流形式不同可分为常压式和常流式两种。

（1）常压式机械液压助力转向系统

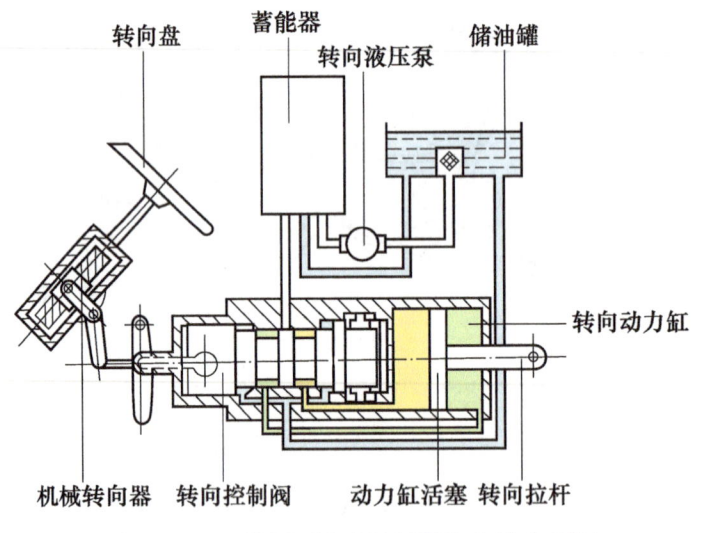

在常压式机械液压助力转向系统中，无论转向盘处于何种位置，系统管路中的油液总是保持高压状态，如图4-2-2所示。当转向盘处于中间位置时，转向控制阀关闭，转向液压泵输出的压力油充入蓄能器，当蓄能器的压力达到能使转向控制阀开启时，蓄能器中的压力油流入转向动力缸，产生推力以帮助转向。转向盘一旦停止转动，转向控制阀关闭，助力作用停止。蓄能器在此起到了保持系统高压的作用。

常压式机械液压助力转向系统工作压力高，易泄漏，且消耗的发动机功率较大，因此目前只有少数重型汽车采用此种助力转向系统。

图 4-2-2 常压式机械液压助力转向系统

（2）常流式机械液压助力转向系统

在常流式机械液压转向系统中，无论汽车是否处于转向状态，系统管路中的油液总是在流动，压力较低，只有在转向时才产生瞬时高压，如图4-2-3所示。当转向盘处于中间位置时，流量控制阀保持开启，转向动力缸活塞两侧压力相等，不产生动作，此时系统中的油泵在空转，油液处于低压流动状态。驾驶人转动转向盘时，机械转向器工作，同时带动转向控制阀动作，处于与某一转弯方向相应的工作位置，此时转向动力缸相应的工作腔与回油管路隔绝，转而与油泵输出管路相通，此时压力急剧升高，而另一工作腔则仍然通回油管路，压力较低，转向动力缸活塞移动，产生推力。转向盘停止转动后，转向控制阀随即回到中立位置，动力缸停止工作。

常流式机械液压转向系统结构简单，转向液压泵消耗功率小，管路压力低，泄漏少，工作寿命长，因此被广泛应用于各种汽车。

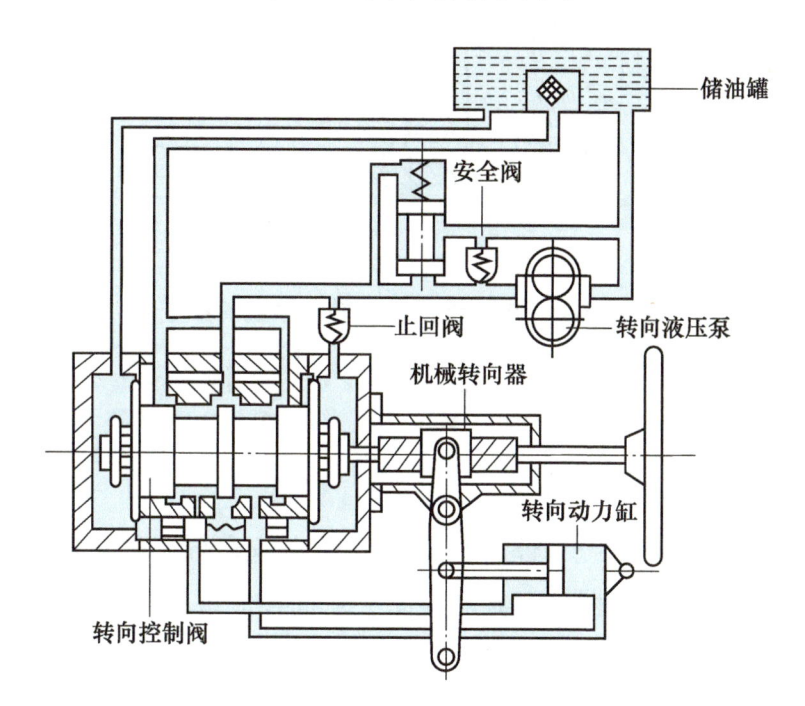

图 4-2-3 常流式机械液压助力转向系统

二、电控液压助力转向系统的结构及工作原理

电控液压助力转向系统简称 EHPS，是在机械液压助力转向系统的基础上增设了一套电子控制装置。

1. 电控液压助力转向系统的组成

电控液压助力转向系统主要由转向油泵、储油罐、分流阀、电磁阀、转向控制阀、阻尼孔、油压反力室、车速传感器、电子控制单元（ECU）等组成，如图 4-2-4 所示。其中，分流阀的作用是将来自转向油泵输出的液压油向控制阀一侧和电磁阀一侧分流，按照车速和转向要求，改变控制阀一侧和电磁阀一侧的油压，确保电磁阀一侧具有稳定的油液流量；阻尼孔的作用是将供给转向控制阀的一部分流量分配到油压反力室一侧。

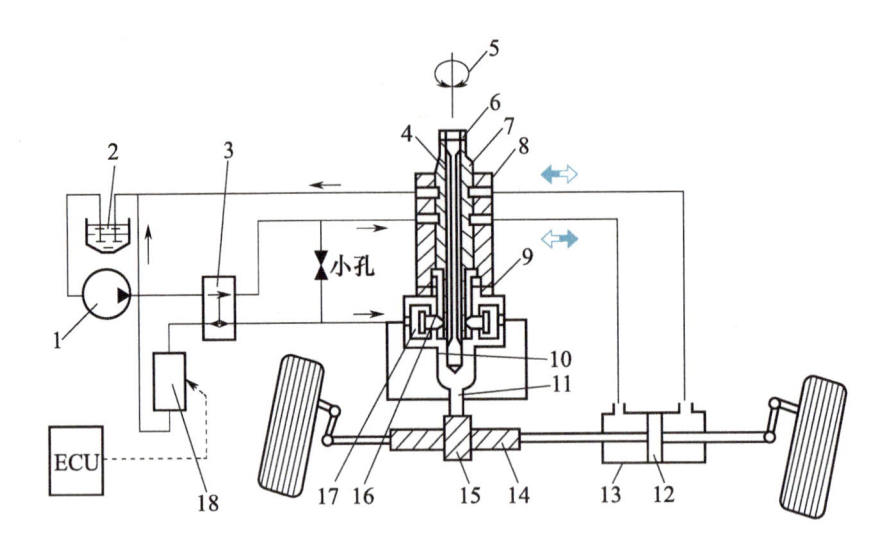

图 4-2-4　电控液压助力转向系统的组成
1—转向油泵　2—储油罐　3—分流阀　4—电磁阀　5—扭力杆　6—转向盘　7、10、11—销
8—转阀阀杆　9—控制阀阀体　12—转向齿轮轴　13—活塞　14—转向动力缸
15—转向齿条　16—转向齿轮　17—柱塞　18—油压反力室

2. 电控液压助力转向系统的工作原理

电控液压助力转向系统有停车与低速、中高速直行、中高速转向 3 种控制状态。ECU 根据车速传感器信号判断状态，从而控制电磁阀通电电流。

（1）停车与低速状态

当车辆处于停车或低速状态时，ECU 使电磁阀大通电电流，经分流阀分流的油液通过电磁阀流回储油罐，柱塞受到的油压低，柱塞推动控制阀阀杆的力矩小，因而只需要较小的转向力即可使扭杆扭转变形，使阀体与阀杆发生相对转动而使控制阀打开，油泵输出油压作用于动力缸右室（或左室），使动力缸活塞左移或右移，产生转向助力。

（2）中高速直行状态

车辆直行时，转向偏摆角小，扭杆相对转矩小，控制阀油孔开度减小，控制阀侧油压升高，由于分流阀的作用，电磁阀侧油量增加。同时，随着车速的升高，通电电流减小，通过电磁阀流回储油罐的阻尼增大，油压反力室的反力增大，使柱塞推动控制阀阀杆的力矩增大，转向盘手感增强。

（3）中高速转向状态

从存在油压反力的中高速直行状态转向时，扭杆的扭转角进一步减小，控制阀开度也减小，控制阀侧油压进一步升高。随着该油压升高，固定阻尼孔将向油压反力室供给油液。这样，除从分流阀向油压反力室供给一定流量油液外，还增加了从固定阻尼孔侧供给的油液，导致柱塞推力进一步增强。此时需要较大的转向力才能使阀体与阀杆之间做相对运动，实现转向助力作用，使得中高速时驾驶人可获得良好的转向手感和转向特性。

三、机械液压助力转向系统转向泵的更换注意事项

以 2016 款五菱宏光 S 面包车为例：

1）更换转向泵前，应关闭点火开关以及断开蓄电池负极电缆。

2）拆装转向泵高压油管螺母时，为防止对油管造成损坏，应同时使用两个扳手。

3）安装转向泵固定螺栓后，应使用扭力扳手进行紧固。

4）安装转向泵传动带时，应将转向泵传动带调整至合适张紧度。

5）更换转向泵后，需先清洗整个机械液压助力转向系统（储油罐、转向泵、高压油管、吸油管、回油管及转向器），再向储油罐加注新油，最后进行机械液压助力转向系统排气。

⚠ 思考　安装转向泵固定螺栓后，为什么要使用扭力扳手进行紧固？

四、机械液压助力转向系统的检修

1. 机械液压助力转向系统油液检查与加注

1）将车辆停放在平坦的地面上，使前轮处于直行位置。

2）起动发动机，使其怠速运转。

3）随后向左、右转动几次转向盘，使储油罐油温达到 40~80℃，关闭发动机。

4）观察储油罐的液面，此时液面应处于"MAX"（上限）与"MIN"（下限）之间，液面低于"MIN"时，应加至"MAX"，如图 4-2-5 所示。

图 4-2-5　检查储油罐液面

2. 机械液压助力转向系统油液压力检测

检查转向泵传动带张紧度是否正常，如异常，则调整转向泵传动带至正常张紧度，断开转向泵上的高压油管，并用小容器接收流出的转向液，将液压检测仪软管安装至转向泵和高压油管之间；再将变速杆挂在"空档"位置，并拉紧驻车制动器，打开液压检测仪上的阀门，起动发动机，使其怠速运转，将转向盘向左右两个方向打到底，重复数次，使转向液预热到工作温度，再将发动机转速提高到 1500r/min，此时关上液压检测仪的阀门，并立即读取压力值，查看压力值是否在转向泵正常工作压力之间，随后立即开启液压检测仪上的阀门。将转向盘向左右两个方向打到底，如果此时压力值依然保持在规定值内，则转向泵正常，最后检查转向器是否存在泄漏。

⚠ **思考**　检测机械液压助力转向系统油液压力时，为什么要先检查转向泵传动带张紧度？

3. 机械液压助力转向系统转向泵更换

当机械液压助力转向系统转向泵出现异响和漏油等情况时，应予拆旧换新。转向泵的更换方法如下。

（1）机械液压助力转向系统转向泵的拆卸

1）拆下发动机空气滤清器总成，拆下空调压缩机和转向泵传动带。

2）拆下转向泵吸油管，如图 4-2-6 所示。

3）用大容器接收吸油管中流出的转向液，同时使用工具将吸油管管口堵塞住，拆下转向泵高压油管，如图 4-2-7 所示。

4）用大容器接收高压油管中流出的转向液，同时使用工具将高压管管口堵塞住，拆下转向泵与支架连接的上下固定螺栓，取出转向泵。

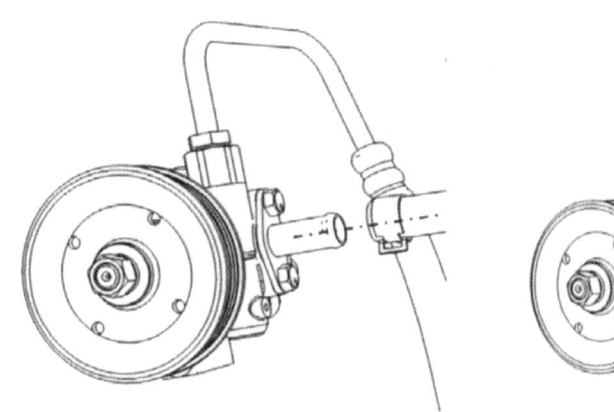

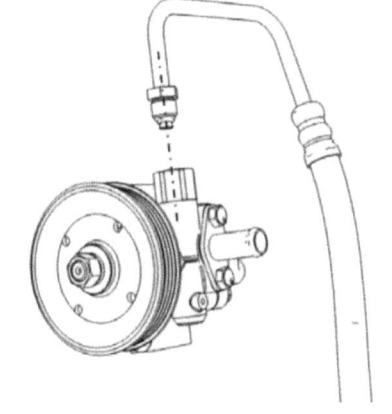

图 4-2-6　拆下转向泵吸油管　　图 4-2-7　拆下转向泵高压油管

（2）机械液压助力转向系统转向泵的安装

1）将转向泵安装至支架上，安装转向泵与支架连接的上下固定螺栓，并紧固至 25N·m，如图 4-2-8 所示。

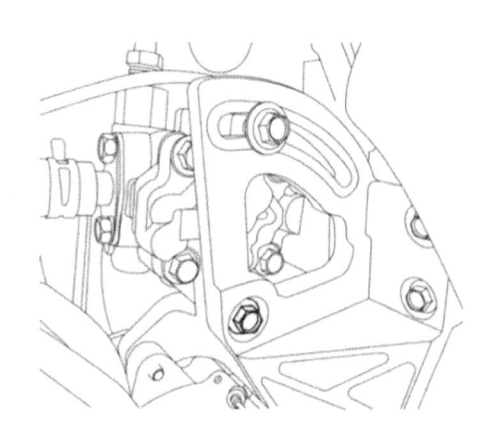

图 4-2-8　安装转向泵与支架连接的上下固定螺栓

2）清洁转向泵高压油管管口安装面，安装新的密封垫圈至高压油管上，安装高压油管至转向泵上，并紧固高压油管与转向泵连接油管接头至 25N·m。

3）清洁转向泵吸油管管口安装面，安装新的夹箍至吸油管上，安装吸油管至转向泵上,安装空调压缩机和转向泵传动带,安装发动机空气滤清器总成。

4. 机械液压助力转向系统清洗

1)举升车辆前部,使前车轮能够自由转动。

2)断开回油管,并使用大容器接收回油管中流出的转向液,同时使用工具将储油罐上的回油管接头堵塞住。

3)起动发动机,使其怠速运转,让助手向储油罐中加注转向液,要保持转向液液位在储油罐"MIN"刻度位置以上。

4)关闭发动机,将转向盘向左右两个方向打到底,重复数次,拆下储油罐上的回油管接头塞子,并把回油管重新连接至转向泵上,最后添加转向液至"MAX"位置。

5. 机械液压助力转向系统排气

1)清洁储油罐加注口以及液位指示刻度部位。

2)拆下储油罐盖,把转向盘向左打到底,检查储油罐液位,若液位低于"MIN"刻度位置,则需添加转向液至"MAX"位置。

3)起动发动机,使其怠速运转,随后再次检查液面,使转向液液位始终保持在"MIN"刻度位置以上,将转向盘从一侧打到另一侧(不需要打到极限位置),以便排出转向液压系统中的空气。

⚠ **注意** 以上步骤需要多次操作,直到彻底排除空气。

4)将转向盘回位到中间位置,发动机继续运转 2~3min,路试车辆,以确保转向正常且无噪声。按上述步骤重新检查转向液液位,在确保转向系统达到正常工作温度并稳定后,检查转向液液位是否处于"MAX"与"MIN"之间,必要时,添加转向液至"MAX"位置,装上储油罐盖。

📝 课程育人

1980 年,我国考古学家在位于秦始皇陵西侧 20m 处的一具木椁内挖掘出了两辆大型铜车马。经修复后发现,这两辆铜车马造型精美,运用了铸造、焊接、镶嵌、活铰连接、子母扣连接、转轴连接等工艺技术,极大程度地反映了秦代先进的制造水平,对研究中国古代车马制度和各项工艺技术,具有重要历史价值。

中国马车历史悠久,除了用于载货外,它也是重要的军用车辆。现存发现最早的战车来自商代，直至秦始皇统一六国，战车依然是重要的军事装备。从出土的铜车马来看，当时秦国军事实力可见一斑，但即便如此，那时的秦国也依然没能解决战车的一个致命问题，即战车转向。因此，战车部队逐渐退出古代军事舞台，同时，能够灵活应战的骑兵部队逐渐发展起来。

1840年鸦片战争爆发，西方列强攻入中国，与此同时，前轮能转向、会拐弯的马车也走进了中国人的视线，看着这样的"洋车"，一个困扰了中国人数千年的难题就此有了答案。事实上，之所以在中国古代没有四轮马车转向机构，是因为中国古代马车有着车轮高大、鞍套式驾法和"车同轨"三个先进之处，使得人们对四轮马车转向机构的需求大为降低。

巩固提升

一、选择题

1. 机械液压助力转向系统简称（　　）。
   A. HPS　　　　B. EHPS　　　　C. EPS　　　　D. ESP
2. 下列不属于机械液压助力转向系统组成的是（　　）。
   A. 储油罐　　　B. 电磁阀　　　C. 转向液压泵　　D. 转向控制阀
3. 电控液压助力转向系统简称（　　）。
   A. ECS　　　　B. ESC　　　　C. EHPS　　　　D. HPS
4. 下列不属于电控液压助力转向系统组成的是（　　）。
   A. 转向油泵　　　　　　　　　B. 分流阀
   C. 转向角度传感器　　　　　　D. 油压反力室
5. 检查储油罐液面时，需使储油罐油温达到（　　）。
   A. 10~50℃　　B. 20~60℃　　C. 30~70℃　　D. 40~80℃

二、判断题

1. 储油罐的作用是储存、冷却转向系统工作油液。（　　）
2. 在常压式机械液压助力转向系统中，无论转向盘处于何位置，系统管路中的油液总是保持高压状态。（　　）
3. 电控液压助力转向系统有停车与低速、中高速直行、中高速转向3种控制状态。（　　）
4. 安装转向泵固定螺栓后，应使用棘轮扳手进行紧固。（　　）
5. 转向油壶液面处于"MAX"（上限）与"MIN"（下限）之间属于正常。（　　）

学习任务三　电动助力转向系统的结构与维修

情景导入

客户贾先生驾驶一辆2018款别克威朗轿车，在转向时，车辆突然出现转向沉重现象，维修技师初步检查后，发现仪表板上的电动助力转向系统警告灯点亮，为了确定具体故障原因，需对转向系统做进一步检查。作为汽车维修技师，请仔细查看服务顾问提供的接车问诊表，并针对故障进行后续处理。

接车问诊表

车牌号：黑A***** 　车架号：LSGBC******131211　行驶里程：97212（km）
用户名：贾**　电话：150****2112　来店时间：2022.9.1
用户陈述及故障发生时的状况：在转向时，车辆突然出现转向沉重现象
接车员检测确认建议：检查汽车转向系统
车间检测确认结果及主要故障零部件：
车间检查确认者：

外观确认： 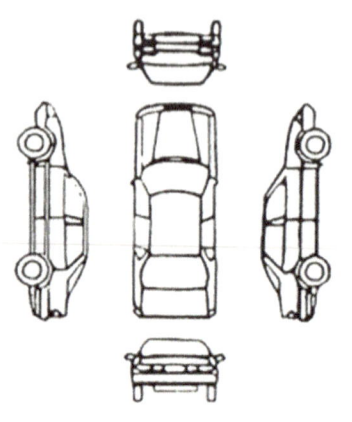	功能确认：（工作正常√　不正常×） ☑音响系统　☑门锁（防盗器）　☑全车灯光 ☑工具　☑后视镜　☑天窗　☑座椅 ☑点烟器　☑玻璃升降器　☑玻璃
（请在有缺陷部位做标识）	物品确认：（有√　无×） 贵重物品提示 ☑工具　☑备胎 ☑灭火器　☑其他（　　） 旧件是否交还用户 ☑是　□否 用户是否需要洗车 ☑是　□否

- 检测费说明：本次检测的故障，如用户在本店维修，检测费包含在修理费用内；如用户不在本店维修，请您支付检测费。本次检测费：×××元。
- 贵重物品：在将车辆交给我店检查修理前，已提示将车内贵重物品自行收起并保存好，如有遗失恕不负责。

接车员：王**　用户确认：贾**

电动助力转向系统（Electric Power Steering，EPS）是一种直接依靠电动机提供辅助转矩的动力转向系统。与液压助力转向系统相比，电动助力转向系统取消了液压系统，通过电动机提供动力，其控制单元根据车速以及驾驶人施加在转向盘上的力来判断需要输出的辅助力矩，以此控制转向系统。

一、电动助力转向系统的结构及工作原理

1. 电动助力转向系统的组成

电动助力转向系统主要由转矩传感器、车速传感器、电动机、减速机构和电子控制单元（ECU）等组成，如图4-3-1所示。

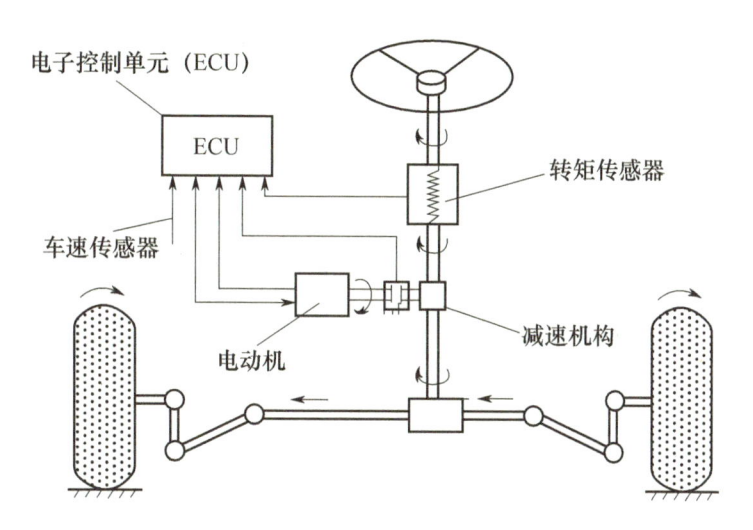

图 4-3-1　电动助力转向系统的组成

2. 电动助力转向系统的工作原理

当操纵转向盘时，装在转向轴上的转矩传感器不断测出转向轴上的转矩，并由此产生一个电压信号。该信号与车速信号同时输入电子控制单元，电子控制单元根据这些输入信号进行运算处理，确定助力转矩的大小和转向，即选定电动机的电流大小和转向，调整转向的辅助助力。电动机的转矩由电磁离合器通过减速机构降速增矩后，加在汽车的转向机构上，使之得到一个与工况相适应的转向作用力。

⚠ **思考**　当转向轴上的转矩传感器损坏时，电动助力转向系统还会正常工作吗？

二、电动助力转向系统的分类

电动助力转向系统按辅助电动机布置方式的不同,可分为转向轴助力式转向系统(C-EPS)、小齿轮助力式转向系统(P-EPS)和齿条助力式转向系统(R-EPS)。

(1)转向轴助力式转向系统(C-EPS)

转向轴助力式转向系统的转矩传感器、电动机、离合器和转向助力机构组成一体,安装在转向柱上。其特点是结构紧凑、易于安装。现在多数EPS就是采用这种形式。此外,C-EPS的助力装置可以设计成适用于各种转向柱,如固定式转向柱、斜度可调式转向柱以及其他形式转向柱。但是助力电动机安装在驾驶舱内,受到空间布置和噪声影响,电动机的体积较小,输出的转矩不大,一般只能用于小型及紧凑型车辆。

(2)小齿轮助力式转向系统(P-EPS)

小齿轮助力式转向系统的转矩传感器、电动机、离合器和转向助力机构仍为一体,只是整体安装在转向小齿轮处,直接驱动小齿轮即可实现助力转向。由于助力电动机不是安装在驾驶舱内,因此可以使用较大的电动机以获得较大的助力转矩,而不必担心电动机转动惯量太大而产生噪声。该类型转向器可提供较大的助力,多用于中型车辆。

(3)齿条助力式转向系统(R-EPS)

齿条助力式转向系统的转矩传感器单独安装在小齿轮处,电动机与转向助力机构一起安装在小齿轮另一端齿条处,用以给齿条助力。齿条助力式转向系统的动力辅助单元安装在齿条上,具体安装位置比较自由,因此在汽车的底盘布置当中非常方便。此外,同小齿轮助力式转向系统相比,齿条助力式转向系统能提供更大的助力,可用于重型车辆。

三、电动助力转向系统的特点

电动助力转向系统将最新的电力电子技术和高性能的电动机控制技术应用于汽车转向系统,能显著改善汽车动态性能和静态性能,提高行驶中的舒适性和安全性,且能减少环境的污染。电动助力转向系统的特点具体列举如下。

（1）降低燃油消耗

液压助力转向系统需要发动机带动液压油泵，使液压油不停地流动，这样一来就会浪费部分能量。相反，电动助力转向系统仅在需要转向操作时才需要电动机提供能量，该能量可以来自蓄电池，也可来自发动机。电动助力转向系统的能量消耗与转向盘的转向角度和当前的车速有关。当转向盘不转向时，电动机不工作；需要转向时，电动机在控制模块的作用下开始工作，输出相应大小及方向的转向力矩。在汽车原地转向时，该系统可输出最大转向力矩，随着汽车速度的改变，输出的力矩也跟随改变。

（2）增强转向跟随性

在电动助力转向系统中，电动机与助力机构直接相连，可以使其能量直接用于车轮的转向。该系统利用惯性减振器的作用，使车轮的反转和转向前轮摆振大大减小，因此转向系统的抗扰动能力大大增强。与液压转向系统相比，电动助力转向系统旋转力矩产生于电动机，没有液压助力系统的转向迟滞效应，增强了转向车轮对转向盘的跟随性能。

（3）改善转向回正特性

由于采用了微电子技术，利用软件控制电动机动作，在最大限度内调整设计参数以获得最佳的回正特性，从最低车速到最高车速，可得到一簇回正特性曲线，通过编程实现电动机在不同车速及不同车况下的转矩特性，这些转矩特性使得该系统能显著提高转向能力，提供了与车辆动态性能相匹配的转向回正特性，而传统的液压助力转向系统无法做到这一点。

（4）提高操纵稳定性

通过对汽车在高速行驶时过度转向的方法测试汽车的稳定特性，给正在高速行驶的汽车一个过度的转角迫使它侧倾，在短时间的自回正过程中，由于采用了计算机控制，使得汽车具有更高的稳定性，驾驶人有更舒适的感觉。

（5）提供可变的转向助力

电动助力转向系统的转向力来自于电动机，通过软件编程和硬件控制，可得到覆盖整个车速的可变转向力。可变转向力的大小取决于转向力矩和车速，无论是停车、低速或高速行驶时，它都能提供可靠的，可控性好的驾驶体验。

（6）系统结构简单，占用空间小

由于该系统具有良好的模块化设计特性，所以不需要对不同的系统重新设计、试验、加工等，既节省了费用，也为设计不同的系统提供了极大的灵活性，而且更易于生产线装配。由于没有油泵、油管和发动机上的带轮，使得工程师们设计该系统时有更大的余地，而且该系统的控制模块可以和齿轮齿条设计在一起或单独设计，因此发动机部件的空间利用率极高。

四、电动助力转向系统电动机的更换注意事项

以2018款别克威朗轿车为例：

1）更换电动机前，应关闭点火开关，断开蓄电池负极电缆。

2）拆卸中间转向轴前，应保持前轮朝向正前位置，利用转向柱防转销、转向柱锁止装置或安全带固定转向盘以免旋转，防止安全气囊螺旋电缆损坏。

3）拆卸中间转向轴后，切勿旋转转向盘，防止安全气囊螺旋电缆损坏。

4）安装转向机上方前围板外部密封件时，应确保前围板外部密封件内的槽口正确对齐转向机上方凸出部分。

5）安装传动系统和前悬架支架前后螺栓时，应注意传动系统和前悬架支架与车架的螺栓孔是否完全对齐，螺栓旋入是否存在阻碍。

6）安装各个部件螺栓时，应使用扭力扳手及角度测量仪进行紧固。

7）更换电动机后，应进行动力转向控制模块编程、转向盘转角传感器对中、软件止点读入和四轮定位。

五、电动助力转向系统电动机的更换

当电动助力转向系统电动机出现电刷磨损、轴承卡滞或异响及绕组烧毁等情况时，应予拆旧换新。电动机的更换方法如下。

1. 电动助力转向系统电动机的拆卸

1）拆下中间转向轴螺栓，如图4-3-2所示。取出中间转向轴，拆下转向机上方前围板内部密封件。

2）举升车辆至合适高度，按顺序依次拆下前部左右车轮、前部左右轮罩衬板、前舱左右防溅罩、前舱左右空气导流器、左右稳定杆连杆与稳定杆之间螺

母、左右转向节与转向横拉杆之间螺母和转向机隔热罩,如图4-3-3所示。

图4-3-2 拆下中间转向轴螺栓

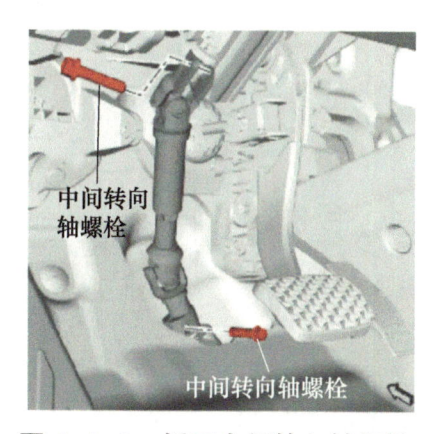

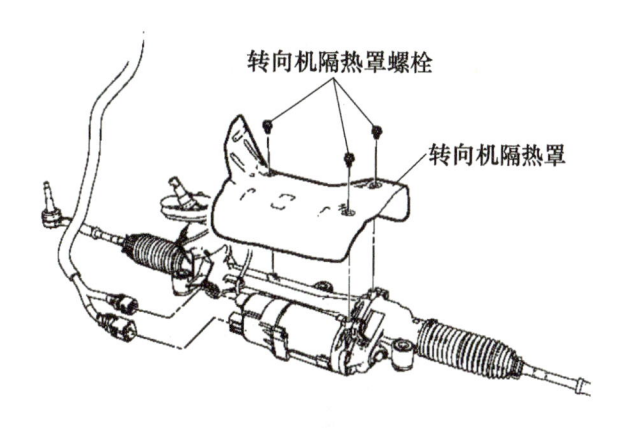

图4-3-3 拆下转向机隔热罩

3)断开动力转向辅助电动机电器插接器,拆下转向机上方线束托架(如果车辆装备前水平位置传感器,则断开电器插接器)。

4)拆下传动系统和前悬架横梁加长件螺栓,拆下变速器支座柱螺栓和排气消声器隔振垫螺母。

5)使用液压千斤顶支撑传动系统和前悬架支架,拆下传动系统和前悬架支架前后螺栓,降下液压千斤顶使传动系统和前悬架支架,拆下稳定杆螺栓,取出稳定杆。

6)拆下转向机上方前围板外部密封件和转向机螺栓,取出转向机。

7)拆下电动机螺栓,取出电动机。

2. 电动助力转向系统电动机的安装

1)安装电动机至转向机上,安装电动机螺栓,紧固45N·m。

2)安装转向机至传动系统和前悬架支架上,安装转向机螺栓,第一遍紧固55N·m,最后一遍紧固150°~165°。安装转向机上方前围板外部密封件,如图4-3-4所示。安装稳定杆至传动系统和前悬架支架上,安装稳定杆螺栓,第一遍紧固22N·m,最后一遍紧固30°~45°。

3)升高液压千斤顶使传动系统和前悬架支架上升与车架接触,安装传动系统和前悬架支架前后螺栓,第一遍紧固100N·m,最后一遍紧固90°~105°。

4)安装传动系统和前悬架横梁加长件螺栓,紧固58N·m。连接动力转向辅助电动机电器插接器,安装转向机上方线束托架(如果车辆装备前水平位置传感器,则连接电器插接器),安装转向机隔热罩,安装变速器支座柱螺栓,第一遍紧固100N·m，最后一遍紧固90°~105°。安装排气消声器隔振垫螺母，紧固22N·m，如图4-3-5所示。

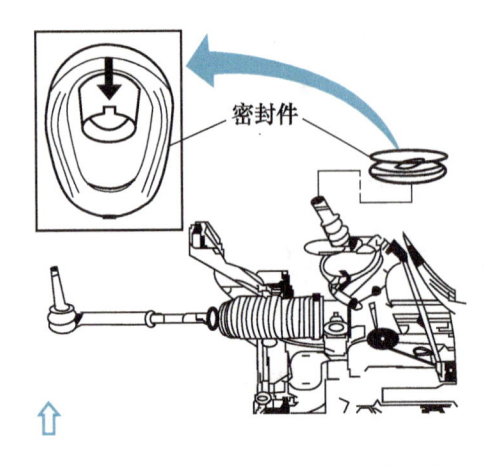

图4-3-4　安装转向机上方前围板外部密封件

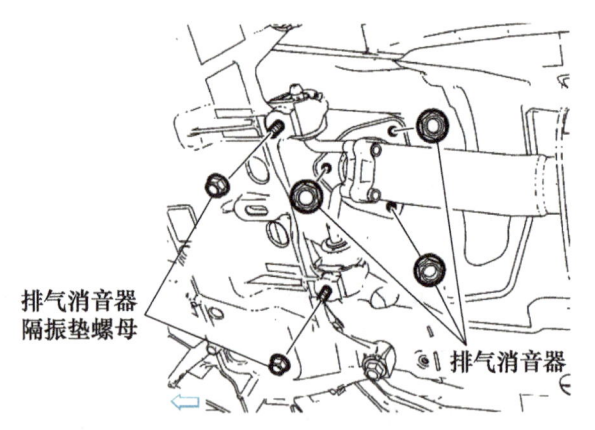

图4-3-5　安装排气消声器隔振垫螺母

5）安装左右稳定杆连杆与稳定杆之间螺母，紧固65N·m。安装左右转向节与转向横拉杆之间螺母，第一遍紧固35N·m，最后一遍紧固30°~45°。安装前舱左右防溅罩，安装前舱左右空气导流器，安装前部左右轮罩衬板，安装前部左右车轮，降下车辆使轮胎与地面接触。

6）安装转向机上方前围板内部密封件，安装中间转向轴至转向机与转向管柱之间，安装中间转向轴螺栓，第一遍紧固25N·m，最后一遍紧固180°~195°。

课程育人

汽车转向助力系统的发展大体可以分为3个阶段：液压助力转向系统（HPS）、电子液压助力转向系统（EHPS）和电子助力转向系统（EPS）。随着电子技术的高速发展，电子助力转向系统逐渐取代液压助力转向系统，成为汽车转向系统的主流。

在中国电动助力转向系统市场中，外资或合资企业的市场占有率在80%左右，而中国本土企业市场占有率则不足20%。随着全球几家主要转向系统供应商将目光瞄准中国市场，国内出现了一批由国外供应商投资设立的电动助力转向系统的生产基地，同时也带动了中国本土生厂商的崛起，如易力达、豫北等。

我国对于电动助力系统的研发比国外晚，同时缺乏与之配套的系统的科研攻关力量，因此在全球竞争中仍不具有明显优势。但近些年来，通过引进国际先进技术并与国内产品相融合，使得我国电动助力转向系统得到了快速发展。

⚠ **思考** 我国电动助力转向系统的研发为什么要引入国际先进技术？

巩固提升

一、选择题

1. 电动助力转向系统的英文缩写是（　　）。
   A. EPS　　　　　　　　B. EPC
   C. ESP　　　　　　　　D. HPS

2. 按辅助电动机布置方式不同，下列不属于电动助力转向系统分类的是（　　）。
   A. 转向轴助力式转向系统　　B. 小齿轮助力式转向系统
   C. 齿条助力式转向系统　　　D. 直接助力式转向系统

3. 转向轴助力式转向系统的电动机安装在（　　）。
   A. 转向小齿轮　　　　　B. 齿条
   C. 转向柱　　　　　　　D. 中间转向轴

4. 齿条助力式转向系统常用于（　　）。
   A. 小型及紧凑型车辆　　B. 中型车辆
   C. 重型车辆　　　　　　D. 中型及重型车辆

5. 下列不属于电动助力转向系统组成的是（　　）。
   A. 转向油泵　　　　　　B. 转矩传感器
   C. 车速传感器　　　　　D. 减速机构

二、判断题

1. 电动助力转向系统，是一种直接依靠电动机提供辅助转矩的动力转向系统。（　　）
2. 转向轴助力式转向系统简称 P-EPS。（　　）
3. 转向轴助力式转向系统具有结构紧凑、易于安装等特点。（　　）
4. 更换转向机前，应关闭点火开关、断开蓄电池负极电缆。（　　）
5. 更换转向机后，应进行动力转向控制模块编程。（　　）

项目五　制动系统的构造与维修

汽车制动系统的作用是使行驶中的汽车按照驾驶人的要求进行强制减速甚至停车，使已停驶的汽车在各种道路条件下（包括在坡道上）稳定驻车，使下坡行驶的汽车速度保持稳定。

汽车制动系统包括常规制动系统与辅助制动系统。其中，常规制动系统由行车制动系统和驻车制动系统组成，辅助制动系统包括防抱死制动系统（ABS）、制动辅助系统（BAS）、牵引力控制系统（ASR）等。

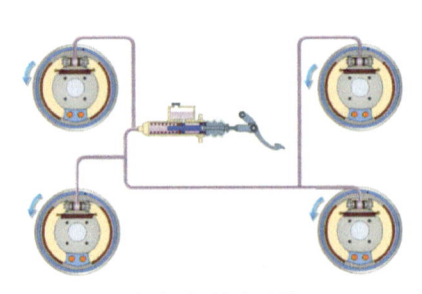

认识汽车制动系统

a）行车制动系统

b）驻车制动系统

汽车制动系统的类型

📝 学习目标

知识目标

1. 能够描述行车制动系统的结构及工作原理。
2. 能够描述车轮制动器的类型。
3. 能够描述驻车制动系统的结构及工作原理。
4. 能够描述防抱死制动系统的结构和工作原理。

技能目标

1. 能够完成盘式制动器制动片的更换。
2. 能够完成驻车制动器拉杆拉线的更换。
3. 能够完成防抱死制动系统的检修。

素养目标

1. 培养良好的职业道德和工匠精神。
2. 培养安全意识和团队协作精神。
3. 培养自我管理和自主学习能力。

学习任务一　行车制动系统的结构与维修

情景导入

客户贾先生驾驶一辆2018款别克威朗轿车，在制动时，车辆时常出现"吱吱吱"响声以及制动不灵敏现象，维修技师初步检查后发现制动总泵储液罐液位存在不足，为了确定具体故障原因，需对制动系统做进一步检查。作为汽车维修技师，请仔细查看服务顾问提供的接车问诊表，并针对故障进行后续处理。

接车问诊表

车牌号：黑A*****　车架号：LSGBC******231238　行驶里程：92802（km）
用户名：贾**　电话：150****2112　来店时间：2022.9.1
用户陈述及故障发生时的状况：在制动时，车辆时常出现"吱吱吱"响声以及制动不灵敏现象
接车员检测确认建议：检查汽车制动系统
车间检测确认结果及主要故障零部件：
车间检查确认者：

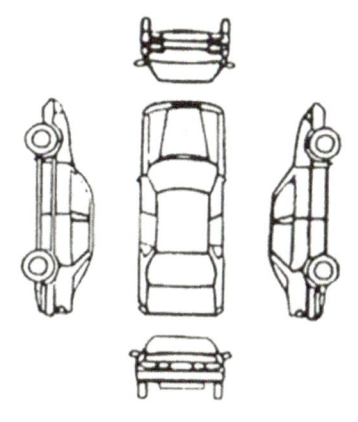

外观确认：
（请在有缺陷部位做标识）

功能确认：（工作正常√　不正常×）
☑音响系统　☑门锁（防盗器）　☑全车灯光
☑工具　☑后视镜　☑天窗　☑座椅
☑点烟器　☑玻璃升降器　☑玻璃

物品确认：（有√　无×）

贵重物品提示
☑工具　☑备胎
☑灭火器　☑其他（　　）
旧件是否交还用户
☑是　□否
用户是否需要洗车
☑是　□否

• 检测费说明：本次检测的故障，如用户在本店维修，检测费包含在修理费用内；如用户不在本店维修，请您支付检测费。本次检测费：×××元。

• 贵重物品：在将车辆交给我店检查修理前，已提示将车内贵重物品自行收起并保存好，如有遗失恕不负责。

接车员：王**　用户确认：贾**

一、行车制动系统的结构及工作原理

行车制动系统的功用是使正在行驶中的汽车减速或停车。它主要由车轮制动器和液压传动机构等组成。其中，车轮制动器主要由旋转部分、固定部分和张开机构等组成；液压传动机构主要由推杆、制动主缸、制动轮缸和油管等组成。

行车制动系统的结构及工作原理如图 5-1-1 所示。图中，车轮制动器的旋转部分是制动鼓，它固定于轮毂上，与车轮一起旋转。固定部分是制动蹄和制动底板等。制动蹄上铆有摩擦片，其下端套在支撑销上，上端用回位弹簧拉紧压靠在轮缸内的活塞上。支撑销和轮缸都固定在制动底板上，制动底板用螺钉与转向节凸缘（前桥）或桥壳凸缘（后桥）固定在一起。制动蹄靠液压轮缸使其张开。

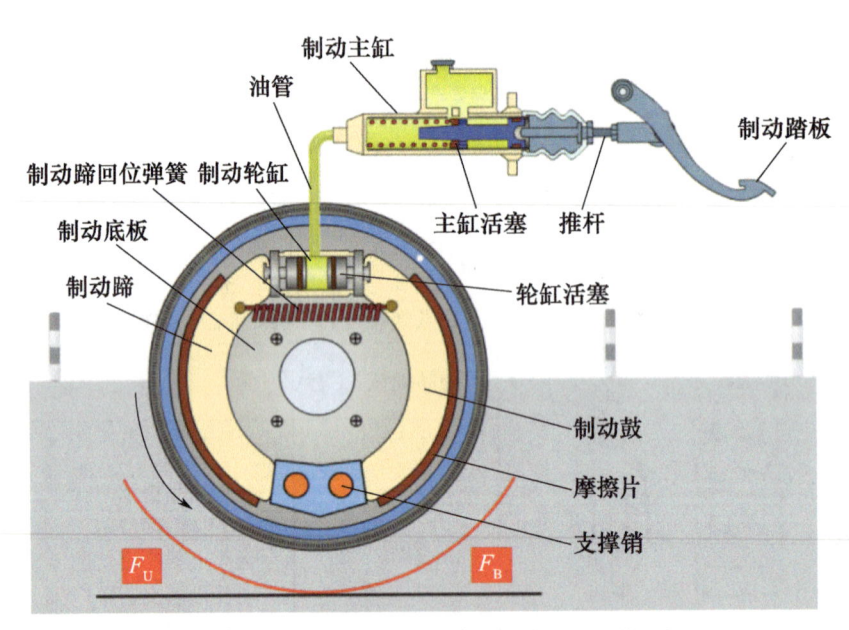

图 5-1-1　行车制动系统的结构及工作原理

不制动时，制动鼓的内圆柱面与摩擦片之间保留一定间隙，制动鼓可以随车轮一起旋转。

制动时，驾驶人踩下制动踏板，推杆便推动制动主缸内的活塞前移，迫使制动液经油管进入轮缸，推动轮缸的活塞向外移动，使制动蹄克服回位弹簧的拉力绕支撑销转动而张开，消除制动蹄与制动鼓之间的间隙后压紧在制动鼓上。此时，不旋转的制动蹄摩擦片对旋转的制动鼓就产生一个摩擦力矩，其方向与车轮的旋转方向相反。制动鼓将此力矩传到车轮后，由于车轮与路面的附着作用，车轮即对路面作用一个向前的圆周力 F_U，与此相反，路面会给车轮一个向后的反作用力，这个力就是车轮受到的制动力 F_B。各车轮制动力的总和就是汽车受到的总的制动力。放松制动踏板后，在回位弹簧的作用下，制动蹄与制动鼓的间隙又得以恢复，从而解除制动。

二、车轮制动器的类型

车轮制动器按结构不同可分为鼓式制动器和盘式制动器，如图 5-1-2 所示。鼓式制动器的旋转元件为制动鼓，其工作面为圆柱面；盘式制动器的旋转元件为制动盘，其工作面为圆盘端面。

a) 鼓式制动器　　　　b) 盘式制动器

图 5-1-2　车轮制动器的类型

1. 鼓式制动器

鼓式制动器按促动装置不同，可分为轮缸式制动器和凸轮式制动器。

轮缸式制动器按制动蹄受力情况不同，可分为非平衡式制动器、平衡式制动器（单向作用、双向作用）和自增力式制动器（单向作用、双向作用）。

（1）非平衡式制动器

制动鼓因受来自两制动蹄的法向力而不能互相平衡的制动器称为非平衡式制动器。非平衡式制动器的结构如图 5-1-3 所示，其结构特点是两制动蹄的支撑点都位于蹄的下端，而促动装置的作用点在蹄的上端，两制动蹄共用一个轮缸张开，且轮缸活塞直径是相等的。其性能特点是汽车前进或倒车制动时，各有一个"领蹄"和"从蹄"。领、从蹄对制动鼓的法向作用力不相等，而这个不平衡的法向作用力只能由车轮的轮毂轴承来承担。

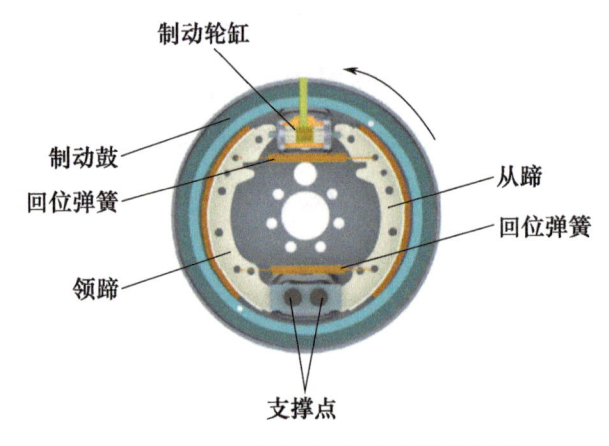

图 5-1-3　非平衡式制动器的结构

（2）平衡式制动器

制动鼓因受来自两蹄的法向力而互相平衡的制动器称为平衡式制动器。

1）单向平衡式制动器。单向平衡式制动器的结构如图 5-1-4 所示，其结构特点是两制动蹄各用一个单向活塞实现轮缸制动，且前、后制动蹄与其轮缸、调整凸轮零件在制动底板上的布置是中心对称的，两轮缸用油管连接。其性能特点是前进制动时两蹄均为"领蹄"，有较强的增力；倒车制动时两蹄均为"从蹄"，制动力较小。

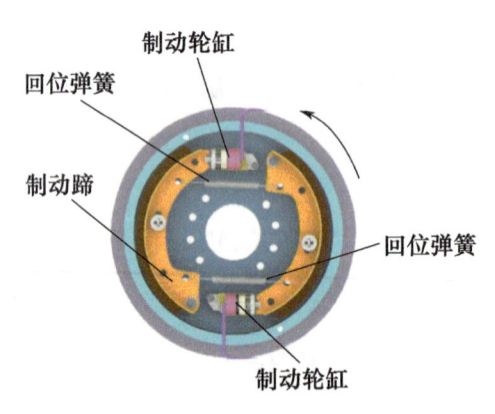

图 5-1-4　单向平衡式制动器的结构

2）双向平衡式制动器。双向平衡式制动器的结构如图 5-1-5 所示，其结构特点是制动蹄、制动轮缸、回位弹簧均成对地对称布置，两制动蹄的两端采用浮式支撑，且支点在周向位置浮动，用回位弹簧拉紧。其性能特点是汽车前进或倒车中制动时，两个制动蹄均为"领蹄"，均有较强的增力，制动效果好，蹄片磨损均匀。

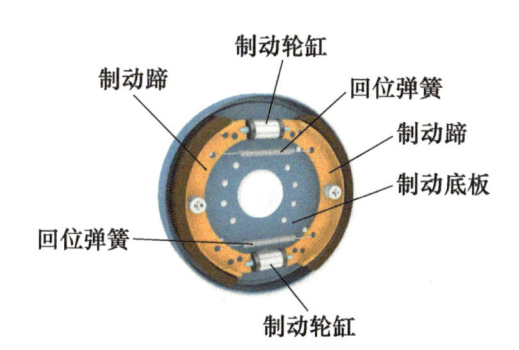

图 5-1-5　双向平衡式制动器的结构

（3）自增力式制动器

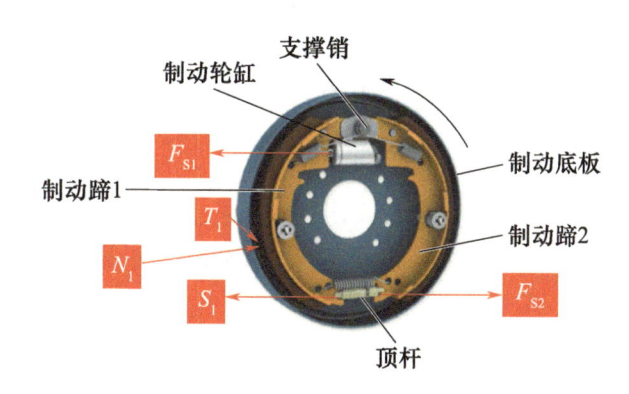

1）单向自增力式制动器。单向自增力式制动器的结构如图 5-1-6 所示。制动蹄 1 和制动蹄 2 的下端分别浮支在浮动的顶杆两端。制动器只在上方有一个支撑销。不制动时，两制动蹄上端均由各自的回位弹簧拉靠在支撑销上。

图 5-1-6　单向自增力式制动器的结构

汽车前进制动时，单活塞式轮缸只将促动力 F_{S1} 加于制动蹄 1，使其上端离开支撑销，整个制动蹄绕顶杆左端支撑点旋转，并压靠在制动鼓上。显然，制动蹄 1 是"领蹄"，并且在促动力 F_{S1}、法向合力 N_1、切向（摩擦）合力 T_1 和沿顶杆轴线方向的 S_1 作用下处于平衡状态。由于顶杆是浮动的，自然成为制动蹄 2 的促动装置，而将与力 S_1 大小相等、方向相反的促动力 F_{S2} 施于制动蹄 2 的下端，故制动蹄 2 也是"领蹄"。

2）双向自增力式制动器。双向自增力式制动器的结构如图 5-1-7 所示。前进制动时，两制动蹄在促动力 F_S 的作用下张开压制动鼓，此时两蹄的上端均离开支撑销，沿图中箭头方向旋转的制动鼓对两制动蹄制动产生摩擦力矩，带动两制动蹄沿旋转方向转过一个不大的角度，直到后制动蹄又顶靠到支撑销上为止。此时，前制动蹄为"领蹄"，但其支撑为浮动的推杆。制动鼓作用在前制动蹄的摩擦力和法向力的一部分对推杆形成一个推力 S，推杆又将此推力完全传到后制动蹄的下端。后制动蹄在推力 S 的作用下也形成"领蹄"，并在轮缸液压促动力 F_s 的共同作用下进一步压紧制动鼓。推力 S 比促动力 F_s 大得多，从而使后制动蹄产生的制动力矩比前制动蹄更大。

倒车制动时，作用过程与此相反，与前进制动时具有同等的自增力作用。

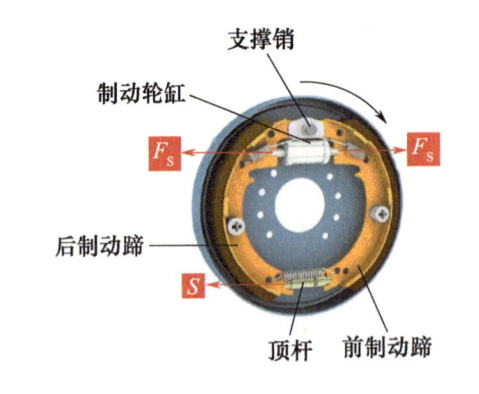

图 5-1-7 双向自增力式制动器的结构

2. 盘式制动器

盘式制动器按固定元件结构形式不同可分为钳盘式制动器和全盘式制动器。

（1）钳盘式制动器

钳盘式制动器的旋转元件是圆盘端面的金属圆盘，称为制动盘，固定元件是工作面积不大的摩擦块与其金属背板组成的制动块（每个制动器中有 2~4 个），这些制动块及其促动装置都装在横跨制动盘两侧的夹钳形支架中，总称为制动钳。制动盘和制动钳共同构成了钳盘式制动器。

钳盘式制动器按制动钳结构形式不同可分为定钳盘式制动器和浮钳盘式制动器。

1）定钳盘式制动器。定钳盘式制动器主要由制动盘、摩擦块、制动钳壳体、活塞等组成，如图 5-1-8 所示。制动盘与车轮相连接，随车轮一起转动。轮缸活塞布置在制动盘两侧的制动钳支架中，活塞的端部粘有摩擦片。制动钳通过螺钉固定在桥壳或转向节上，既不能旋转，也不能轴向移动。制动时，高压制动液被压入两制动轮缸中，推动轮缸活塞，使两个制动摩擦片同时压向制动盘，产生制动作用。

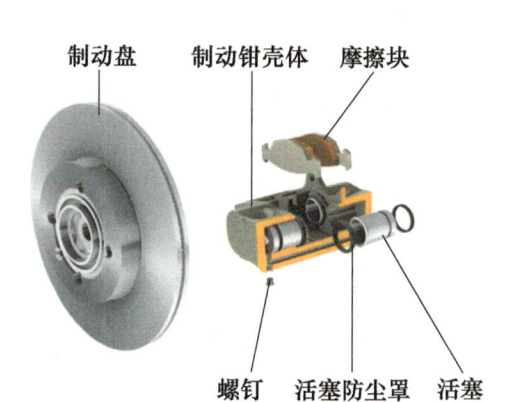

图 5-1-8　定钳盘式制动器的结构

定钳盘式制动器由于具有油缸较多、制动钳尺寸过大、油缸中制动液易汽化等缺点，正逐步被浮钳盘式制动器取代。

2）浮钳盘式制动器。在浮钳盘式制动器中，制动钳是浮动的，可以相对于制动盘做轴向移动。油缸只设置在制动盘的内侧，用来驱动内侧制动块；外侧制动块附着在钳体上，制动时随制动钳做轴向移动，如图 5-1-9 所示。制动时，内侧活塞及摩擦片在液压作用力 P_1 作用下，向右移动压向制动盘。同时，液压的反作用力 P_2 推动制动钳体向左移动，使外侧摩擦片也压靠到制动盘上。导向销上的橡胶衬套不仅能够稍微变形以消除制动器间隙，而且可使导向销免沾泥污。解除制动时，橡胶衬套所释放出来的弹性能有助于外侧制动块离开制动盘，活塞密封圈使活塞回位。若制动器产生了过量的间隙，活塞则相对于密封圈滑移，借此实现间隙自动调整。

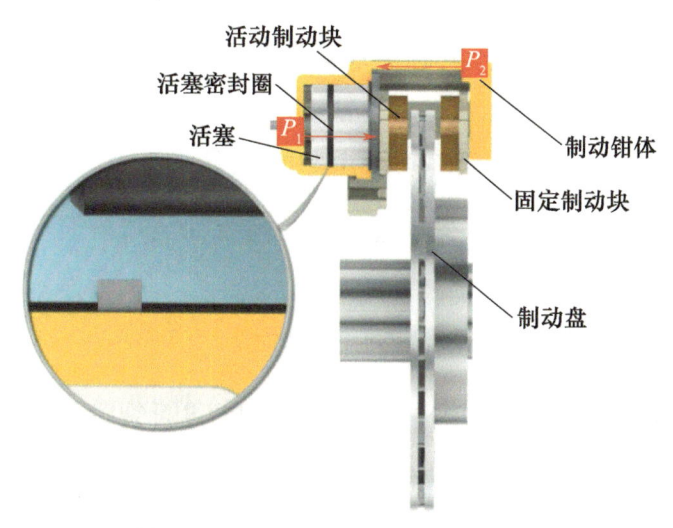

图 5-1-9　浮钳盘式制动器的结构

与定钳盘式制动器相比，浮钳盘式制动器的单侧油缸结构简单，使制动器的轴向与径向尺寸较小，能布置得更接近车轮轮毂，且不易产生气阻，因而被广泛应用于轿车和轻型载货汽车。

（2）全盘式制动器

全盘式制动器摩擦副的固定元件和旋转元件都是圆盘形的，分别称为固定盘和旋转盘。制动盘的全部工作面可同时与摩擦片接触，其结构原理与摩擦离合器相似。

三、盘式制动器制动片的更换注意事项

以 2018 款别克威朗轿车为例：

1）更换制动片前，应检查制动主缸储液罐液位是否处于最满标记和最低允许液位之间的中间位置，若高于最满标记和最低允许液位之间的中间位置，则排出制动液至中间位置。

2）排除、添加制动液时，应注意避免制动液溅到涂漆表面、电器插头、接线或电缆上，因为制动液会损坏涂漆表面以及导致电器部件腐蚀。如果制动液接触到涂漆表面，应立即用水冲洗接触部位。如果制动液接触到电器插头、接线或电缆，使用干净抹布擦除制动液。

3）拆下制动片时，应检查制动钳导销是否自由移动以及导销护套是否破损。若有异常，则更换制动钳导销或导销护套。

4）安装各个部件螺栓时，应使用扭力扳手进行紧固。

5）更换制动片后，应先反复踩下制动踏板至坚实，使制动钳活塞和制动片正确就位，后检查制动主缸储液罐液位是否处于最满标记和最低允许液位之间的中间位置，若有异常，则添加制动液至中间位置。

⚠ **思考** 更换制动片前，为什么要检查制动主缸储液罐液位呢？

四、盘式制动器制动片的更换

当盘式制动器制动片出现脱落、偏磨和断裂等情况时，应予拆旧换新。制动片的更换方法如下。

（1）盘式制动器制动片的拆卸

1）举升车辆至合适高度。

2）拆下前部车轮，拆卸制动钳螺栓，向上转动制动钳，并用钢丝支撑，拆下盘式制动片，如图 5-1-10 所示。

3）使用制动钳活塞收缩工具，将盘式制动器制动钳活塞推至制动钳孔内部，拆卸制动片弹簧，清理制动片构件接合面。

（2）盘式制动器制动片的安装

1）确保制动片构件接合面清洁干净，并安装制动片弹簧。

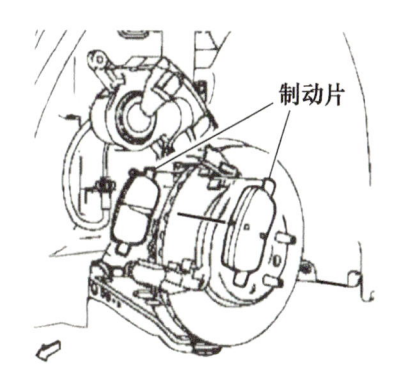

图 5-1-10 拆下盘式制动片

2）涂抹一层高温硅酮润滑剂至制动片固定件上，安装盘式制动片。

3）拆下钢丝，并将制动钳转动到位；安装制动钳螺栓，紧固至 36N·m。

4）安装前部车轮，降下车辆使轮胎与地面接触。

课程育人

汽车发明之初，由于本身动力性不足，传动系统也不完善，所以车速较慢，因此，大部分汽车并没有将制动系统考虑在内，即使在当时略有前瞻性的车辆设计并配备了制动系统，也只是仿照马车的制动方式制作的手动制动，结构简陋，使用也很不方便。

1900 年，顺应工业革命的发展，由威廉·迈巴赫设计出的汽车鼓式制动器横空出世。这一款制动器也是世界上最早的汽车制动器。自此，制动系统成为汽车的必要配置被彻底流传下来。

1902 年，盘式制动器问世，这也是现今仍被广泛使用的一种制动器。它是由英国工程师佛雷德里克·威廉·兰切斯特设计的。但由于当时的金属制造水平还不发达，盘式制动器的制动铜片常常因为恶劣的道路环境而快速磨损，寿命很短，因此在当时并没有被广泛流传。

历经半个多世纪，制动器始终处于不断改进和发展的过程中。直到 1979 年，默·本茨推出了一种性能可靠、带有独立液压助力器的全数字电子系统控制的 ABS 制动装置，因此再次改写了制动系统的发展历史。

然而，科技更新速率如此之快，使得现有制动系统也日渐无法满足人们的需求。未来，人们将更加关注汽车的安全、舒适、环保性，同样，如何让制动系统更好地为车主提供安全保障，则是下一步制动器发展的重要方向。

> **思考** 你认为未来汽车制动系统应该更加关注哪些问题？

巩固提升

一、选择题

1. 下列属于行车制动系统组成的是（　　）。
   A. 液压控制机构　　　　　　　　B. 制动执行机构
   C. 制动减速机构　　　　　　　　D. 液压传动机构
2. 下列不属于车轮制动器组成的是（　　）。
   A. 旋转部分　　　　　　　　　　B. 固定部分
   C. 张开机构　　　　　　　　　　D. 传动机构
3. 鼓式制动器的旋转元件为（　　）。
   A. 制动鼓　　　　　　　　　　　B. 制动蹄
   C. 制动底板　　　　　　　　　　D. 制动轮缸
4. 盘式制动器的旋转元件为（　　）。
   A. 制动块　　　　　　　　　　　B. 制动钳体
   C. 制动盘　　　　　　　　　　　D. 制动轮缸
5. 浮钳盘式制动器广泛用于（　　）。
   A. 轿车　　　　　　　　　　　　B. 轿车和轻型载货汽车
   C. 轿车和中型载货汽车　　　　　D. 重型载货汽车

二、判断题

1. 液压传动机构主要由推杆、制动主缸、制动轮缸和油管等组成。（　　）
2. 鼓式制动器的工作面为圆盘端面。（　　）
3. 盘式制动器的工作面为圆柱面。（　　）
4. 鼓式制动器按促动装置不同可分为轮缸式制动器和凸轮式制动器。（　　）
5. 钳盘式制动器按制动钳结构形式不同可分为定钳盘式制动器和浮钳盘式制动器。（　　）

学习任务二　驻车制动系统的结构与维修

情景导入

客户贾先生驾驶一辆2018款别克威朗轿车，坡道起步时，拉起驻车制动器拉杆后车辆出现溜车现象，维修技师初步检查后发现驻车制动器拉杆行程过高，为了确定具体故障原因，需对驻车制动系统做进一步检查。作为汽车维修技师，请仔细查看服务顾问提供的接车问诊表，并针对故障进行后续处理。

接车问诊表

车牌号：黑A*****　车架号：LSGBC******231355　行驶里程：112802（km）	
用户名：贾**　电话：150****2112　来店时间：2022.9.1	
用户陈述及故障发生时的状况：坡道起步时，拉起驻车制动器拉杆后车辆出现溜车现象	
接车员检测确认建议：检查驻车制动系统	
车间检测确认结果及主要故障零部件：	
车间检查确认者：	

外观确认： 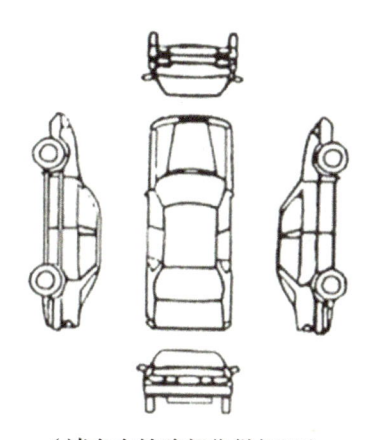	功能确认：（工作正常√　不正常×） ☑音响系统　☑门锁（防盗器）　☑全车灯光 ☑工具　☑后视镜　☑天窗　☑座椅 ☑点烟器　☑玻璃升降器　☑玻璃
（请在有缺陷部位做标识）	物品确认：（有√　无×） 贵重物品提示 ☑工具　☑备胎 ☑灭火器　☑其他（　　　） 旧件是否交还用户 ☑是　□否 用户是否需要洗车 ☑是　□否

- 检测费说明：本次检测的故障，如用户在本店维修，检测费包含在修理费用内；如用户不在本店维修，请您支付检测费。本次检测费：×××元。
- 贵重物品：在将车辆交给我店检查修理前，已提示将车内贵重物品自行收起并保存好，如有遗失恕不负责。

接车员：王**　用户确认：贾**

一、驻车制动系统的结构及工作原理

驻车制动系统的功用是使已经停在各种路面上的汽车驻留原地不动。

按其安装位置不同，驻车制动器可分为中央驻车制动器和车轮驻车制动器。

中央驻车制动器的结构如图 5-2-1 所示。制动鼓通过螺栓与变速器输出轴的凸缘盘紧固在一起，制动底板固定在变速器输出轴轴承盖上，两制动蹄通过偏心支撑销支撑在制动底板上，其上端装有滚轮，在回位弹簧的作用下滚轮紧靠在凸轮的两侧，凸轮轴支撑在制动底板的上部，轴外端与摆臂连接，摆臂的另一端与穿过压紧弹簧的拉杆相连，拉杆再通过摇臂、传动杆与驻车制动杆相连。

驻车制动杆上连有棘爪，驻车制动器工作时，棘爪嵌入齿扇上的棘齿内，起锁止作用；解除制动时，需按下驻车制动杆上的按钮使棘爪脱离棘齿才能扳动驻车制动杆。

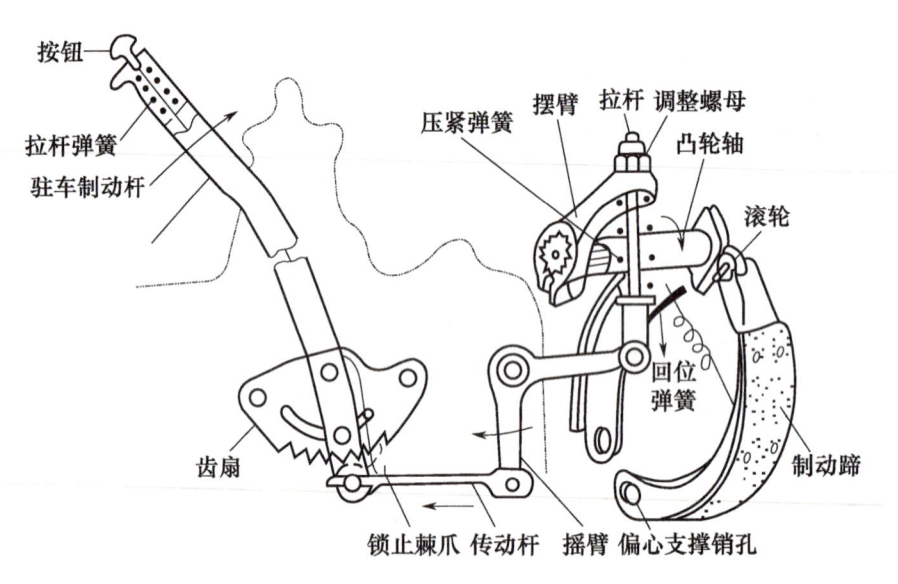

图 5-2-1 中央驻车制动器的结构

驻车制动时，将驻车制动杆上端向后拉动，则制动杆的下端向前摆动，传动杆带动摇臂顺时针转动，拉杆则带动摆臂顺时针转动，凸轮轴亦顺时针转动，凸轮则使两制动蹄以支撑销为支点向外张开，压靠到制动鼓上，产生制动作用。当制动杆拉到制动位置时，棘爪嵌入齿扇上的棘齿内，起锁止作用。

解除制动时，向后拉动驻车操纵手柄的同时按下驻车制动杆上的按钮使棘爪脱离棘齿，然后向前推动制动杆，则传动杆、拉杆、凸轮轴按逆时针方向转动，制动蹄在回位弹簧的作用下回位，制动蹄与制动鼓间恢复制动间隙，制动解除。

按其结构形式不同，驻车制动器可分为鼓式驻车制动器、盘式驻车制动器。

（1）鼓式驻车制动器

鼓式驻车制动器的结构如图5-2-2所示。驻车制动杠杆上端通过平头销与后制蹄连接，中上部卡入驻车制动推杆左端的切槽中作为中间支点，下端与拉绳相连。前制动蹄卡在驻车制动推杆右端的切槽中，并用一根回位弹簧与推杆相连，该弹簧除起回位弹簧作用外，还可以防止制动推杆在工作时窜动，碰撞制动蹄而发出噪声。操纵机构包括传动机构和锁止机构。传动机构由驻车制动杆、拉索等组成。锁止机构由按钮、弹簧、棘爪及扇形齿等组成。

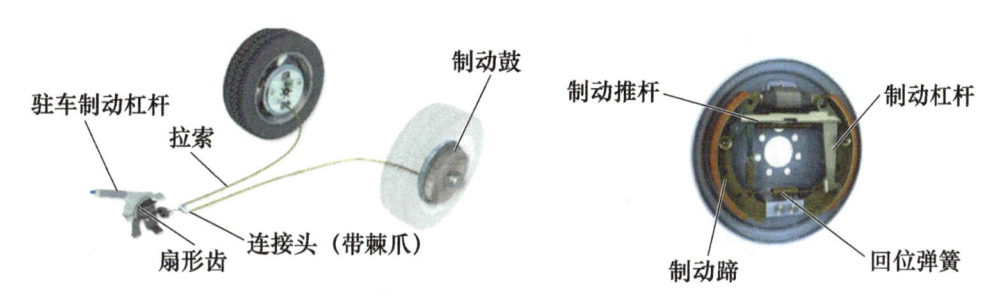

图5-2-2 鼓式驻车制动器的结构

驻车制动时，拉起驻车制动杆，力通过拉索传到车轮制动器里的驻车制动杠杆下端，使之绕上端支点逆时针转动，制动杠杆转动过程中，其中间支点推动驻车制动推杆右移，使前蹄压向制动鼓。当前蹄压向制动鼓后，推杆停止运动，驻车制动杠杆的中间支点变成其继续转动的新支点，于是驻车制动杠杆的上端左移，使后制动蹄压靠到制动鼓上，施以驻车制动。此时，驻车制动杆上的棘爪与扇形齿啮合，驻车制动杆处于锁上状态。

解除制动时，需先将驻车制动杆向后搬动少许，再压下驻车制动杆端头的按钮，使棘爪与齿板脱开后将驻车制动杆推到释放位置后松开按钮。与此同时，制动蹄在回位弹簧作用下回位。

（2）盘式驻车制动器

盘式驻车制动器结构如图5-2-3所示，自调螺杆穿过制动钳体的孔，膜片弹簧使螺杆右端斜面与驻车制动杠杆的凸轮斜面始终贴合。螺杆左端加工有粗牙螺纹的部分装着自调螺母。螺母的凸缘左边部分被扭簧紧箍着，扭簧的一端固定在活塞上，而另一端则自由地抵靠螺母。推力球轴承固定在螺母凸缘的右侧，并被固定在活塞上的挡片封闭。轴承与挡片之间的装配间隙，即等于制动器间隙为标准值时完全制动所需的活塞行程。自调螺母可以保持在制动前后的轴向位置不动，从而保证挡片与推力轴承之间的间隙。

驻车制动时在驻车制动杠杆的凸轮推动下，自调螺杆连同自调螺母接触活塞底部。此时，由于扭簧的阻碍，自调螺母不可能倒转着相对于螺杆向右移动，于是轴向推力通过活塞传到制动块上而实现制动。

解除驻车制动时，自调螺杆在膜片弹簧的作用下，随着驻车制动杠杆回位。

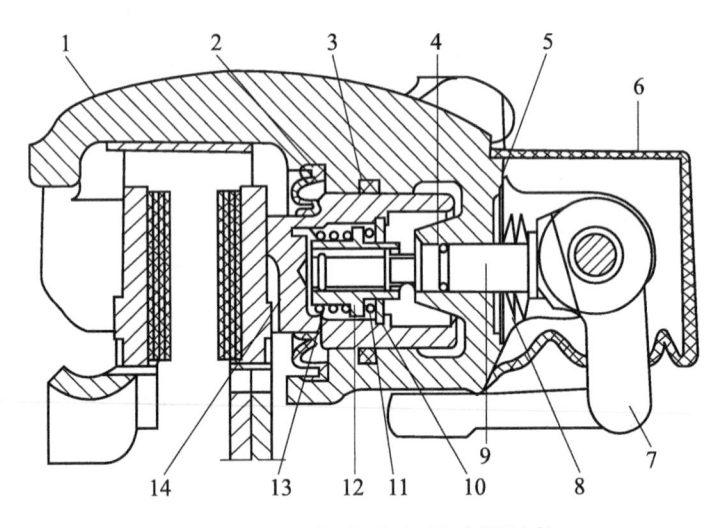

图 5-2-3 盘式驻车制动器结构

1—制动钳体 2—活塞护罩 3—密封圈 4—自调螺杆密封圈 5—膜片弹簧支撑垫圈
6—驻车制动杠杆护罩 7—驻车制动杠杆 8—膜片弹簧 9—自调螺杆 10—挡片
11—推力球轴承 12—自调螺母 13—螺母扭簧 14—活塞

二、驻车制动器拉杆拉线的更换注意事项

以 2018 款别克威朗轿车为例：

1）拆卸排气消声器前，需等待排气系统冷却，避免高温烫伤。

2）拆卸排气消声器时，应注意戴好安全眼镜和手套，否则从磨损的排气系统零件上掉落的铁锈和锋利的边缘可能会导致人身伤害。

三、驻车制动器拉杆行程的检查与调整

1）举升车辆至合适高度。

2）拉起驻车制动器拉杆至第 3 个齿并检查后轮是否可以用手转动。如后轮

可以用手转动，则拆下驻车制动器拉杆护套，如图 5-2-4 所示。

3）紧固驻车制动器拉杆拉线调节螺母，直到后轮不可用手转动。

4）释放并拉起驻车制动器拉杆多次以消除驻车制动器拉杆拉线松弛，拉起驻车制动器拉杆至第 3 个齿并再次检查后轮是否可以用手转动。如后轮仍可以用手转动，则重复以上步骤重新调节。

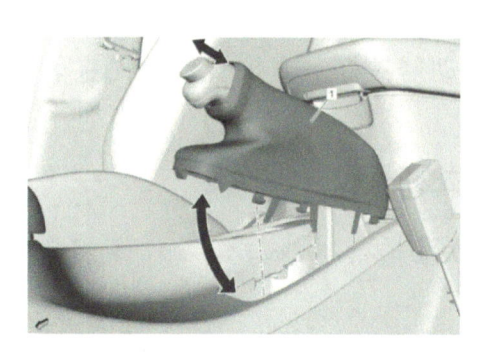

图 5-2-4　拆下驻车制动器拉杆护套

四、驻车制动器拉杆拉线的更换

当驻车制动器拉杆拉线出现断裂、回位困难和严重磨损等情况时，应予拆旧换新。拉线的更换方法如下：

1. 驻车制动器拉杆拉线的拆卸

1）释放驻车制动器拉杆，举升车辆至合适高度。

2）依次拆卸排气消声器、燃油箱隔热垫和排气前车底隔热罩，如图 5-2-5 所示。

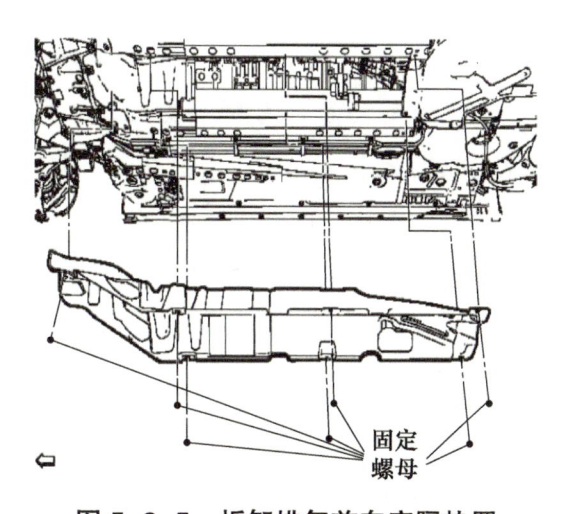

图 5-2-5　拆卸排气前车底隔热罩

3）断开驻车制动器拉杆下方拉线，拆卸底盘中部、后部驻车制动器拉杆拉线固定螺母，拆卸制动卡钳上方驻车制动器拉杆拉线。

2. 驻车制动器拉杆拉线的安装

1）安装驻车制动器拉杆拉线至制动卡钳上方。

2）安装底盘中部、后部驻车制动器拉杆拉线固定螺母并紧固至 22N·m。

3）依次安装驻车制动器拉杆下方拉线、排气前车底隔热罩、燃油箱隔热垫和装排气消声器。

4）调整驻车制动器拉杆行程。

⚠ **思考** 更换驻车制动器拉杆拉线后，为什么需要调整驻车制动器拉杆行程呢？

✏ **课程育人**

20世纪70年代，洛阳市考古人员在东周王城遗址发掘出一套青铜齿轮构件，机械学中称其为棘轮构件。这是人类最早制作并使用的、具有制动功能的棘轮装置，在机械制造史上占有重要地位。

这种棘轮机构是一种适于低速传动的简单的机械构件。当机械负荷工作时，棘轮沿逆时针方向转动，棘爪在轮背上滑过；间歇时，逆时针转动的棘轮受阻而向顺时针方向回转，回转时被嵌入齿槽的棘爪卡住，由此完成机械的间歇并等待棘轮再次转动。

这种古老的机械装置，为中国后世所传承。在北宋著名画家张择端的《清明上河图》中，就描绘了一种架子车。这辆车由四匹牲口牵引，由一人赶车。在车后面安装有一条"腿"，当需要制动时，可将车辕抬高，借由那条"腿"与地面摩擦产生阻力，从而实现制动的效果。

这种远古发明不仅影响了中国，也对其他国家产生深远的影响，如俄国人列昂契·沙苏连阔夫在自动车上安装的齿轮机构、英国人古利宾制造的齿轮变速器等。

东周王城出土的齿轮机构，诞生于诸侯争霸的时代。在战争与地域文化的碰撞中，古代先民的智慧让很多科技之花就此绽放，推动了中国社会生产力的发展，同时，也为世界科技的发展提供了宝贵的历史文献。

> **思考** 你还知道现在哪些事物是延续或借鉴了古代发明的呢？

巩固提升

一、选择题

1. 中央驻车制动器安装在（　　）。
   A. 变速器前方　　　　B. 变速器后方
   C. 差速器上方　　　　D. 半轴上方

2. 下列选项中，能使驻车制动器起锁止作用的关键部件是（　　）。
   A. 棘爪　　　　　　　B. 摆臂
   C. 拉杆　　　　　　　D. 摇臂

3. 下列说法错误的是（　　）。
   A. 拆卸排气消声器前，需等待排气系统冷却
   B. 用手拉动后轮，可以拉动则表示驻车制动器拉杆拉线松弛
   C. 鼓式驻车制动器中的回位弹簧的功用是回位各部件
   D. 盘式驻车制动系统中自调螺母可以保证挡片与推力轴承之间的间隙

4. 鼓式制动器锁止机构的组成有按钮、弹簧、棘爪及（　　）。
   A. 拉索　　　　　　　B. 制动推杆
   C. 驻车制动杆　　　　D. 扇形齿

5. 驻车制动系统的功用是（　　）。
   A. 减速　　　　　　　B. 停车
   C. 防止溜车　　　　　D. 改变转矩

二、判断题

1. 中央驻车制动器驻车制动时，在拉杆带动摆臂顺时针转动过程中，凸轮轴会逆时针转动。（　　）
2. 驻车制动器按安装位置不同可分为中央驻车制动器和车轮驻车制动器。（　　）
3. 车轮驻车制动器与车轮制动器共用一个制动器总成。（　　）
4. 鼓式驻车制动器操纵机构包括传动机构和控制机构。（　　）
5. 更换驻车制动器拉杆拉线需拆下驻车制动器拉杆护套。（　　）

学习任务三　防抱死制动系统的结构与维修

情景导入

客户罗先生驾驶一辆2018款别克威朗轿车，起动车辆时，发现仪表上ABS故障指示灯常亮，维修技师使用故障诊断仪检查后发现ABS防抱死制动系统存在多个故障码，为了确定具体故障原因，需对ABS防抱死制动系统做进一步检查。作为汽车维修技师，请仔细查看服务顾问提供的接车问诊表，并针对故障进行后续处理。

接车问诊表

车牌号：黑A***** 车架号：LSGBC******231355 行驶里程：112802（km）
用户名：罗** 电话：150****2112 来店时间：2022.9.1
用户陈述及故障发生时的状况：起动车辆时，发现仪表上ABS故障指示灯常亮
接车员检测确认建议：检查ABS防抱死制动系统
车间检测确认结果及主要故障零部件：
车间检查确认者：

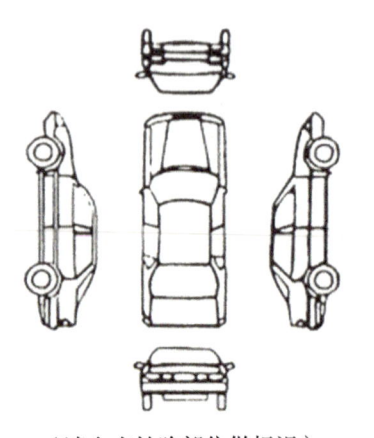

外观确认： （请在有缺陷部位做标识）	功能确认：（工作正常√ 不正常×） ☑音响系统　☑门锁（防盗器）　☑全车灯光 ☑工具　☑后视镜　☑天窗　☑座椅 ☑点烟器　☑玻璃升降器　☑玻璃 物品确认：（有√ 无×） 贵重物品提示 ☑工具　☑备胎 ☑灭火器　☑其他（　　　） 旧件是否交还用户 ☑是　□否 用户是否需要洗车 ☑是　□否

- 检测说明：本次检测的故障，如用户在本店维修，检测费包含在修理费用内；如用户不在本店维修，请您支付检测费。本次检测费：×××元。
- 贵重物品：在将车辆交给我店检查修理前，已提示将车内贵重物品自行收起并保存好，如有遗失恕不负责。

接车员：王**　用户确认：罗**

一、防抱死制动系统的功用

防抱死制动系统（Anti-lock Braking System，ABS）是一种安全控制制动系统，目前已经成为汽车的标准配置。ABS既有普通制动系统的制动功能，又能防止车轮制动抱死。

紧急制动时，制动力过大会使轮胎抱死后滑动，制动距离变长且汽车方向失去控制。安装防抱死制动系统后，可使汽车在制动过程中车轮滑移率保持在20%左右范围内，此时轮胎处于边滚边滑状态，制动力最大，保证了汽车的转向稳定性，从而防止产生侧滑和跑偏。

二、防抱死制动系统的组成和工作原理

防抱死制动系统主要由轮速传感器、制动压力调节器、电子控制器（ECU）和ABS警告灯等组成，如图5-3-1所示。

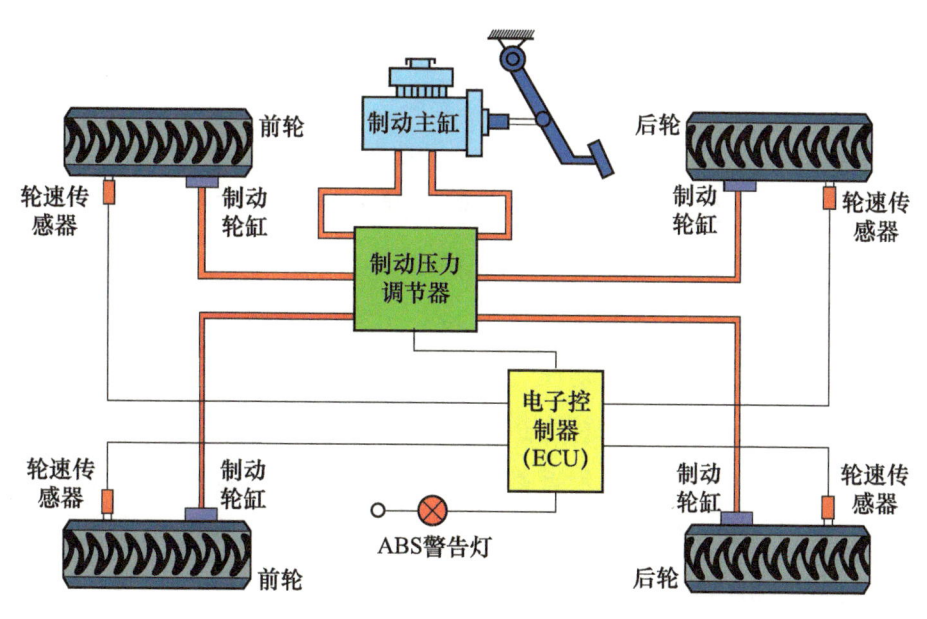

图5-3-1　防抱死制动系统的组成

其中，轮速传感器的作用是检测车轮的旋转速度，并将速度信号输入ECU。

制动压力调节器的作用是制动时根据ECU的控制指令，自动调节制动轮缸制动压力，防止车轮抱死并处于理想滑移率状态。

ECU是ABS的控制中枢，它的作用是接收轮速传感器和其他传感器输入的信号，并对这些信号进行测量、比较、分析、放大和判别处理，通过精确计算，得出制动时车轮的滑移率、加速度和减速度，以判断车轮是否有抱死趋势，发出控制指令，控制制动压力调节装置调节压力。

汽车制动时，轮速传感器测出与制动车轮轮速成正比的交流电压信号，并将该电压信号输送给 ECU。由 ECU 的运算单元计算出车轮速度、滑移率、加速度、减速度，再由 ECU 的控制单元对这些信号进行分析、比较，然后向制动压力调节器发出指令，使制动压力调节器中的电磁阀等直接或间接地控制制动压力的增减，以调节制动力矩，使之与地面附着状况相适应，防止制动时车轮被抱死。

> ⚠ 思考　当轮速传感器损坏时，防抱死制动系统还能正常工作吗？

三、防抱死制动系统的分类

按照控制通道数目的不同，ABS 可分为四通道、三通道、双通道和单通道 4 种形式。

1. 四通道 ABS

对应双制动管路的 H 型（前后）或 X 型（对角）两种控制形式，四通道 ABS 也有两种控制形式，如图 5-3-2 和图 5-3-3 所示。为了对 4 个车轮的制动压力进行独立控制，在每个车轮上各安装一个轮速传感器，并在通往各制动轮缸的制动管路中各设置一个制动压力调节装置（通道）。由于四通道 ABS 可以最大限度地利用每个车轮的附着力进行制动，因此汽车的制动效能最好。但在附着系数分离（两侧车轮的附着系数不相等）的路面上制动时，由于同一轴上的制动力不相等，使得汽车产生较大的偏转力矩而产生制动跑偏。因此，ABS 通常不对 4 个车轮进行独立的制动压力调节。

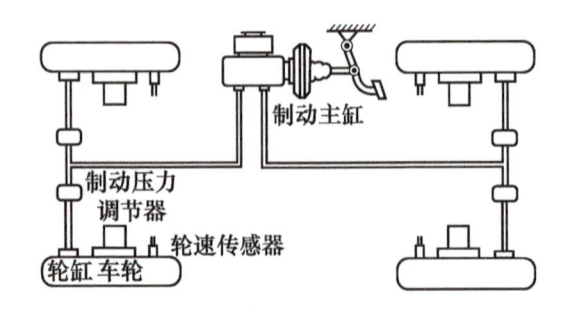

图 5-3-2　四通道控制 H 型 ABS 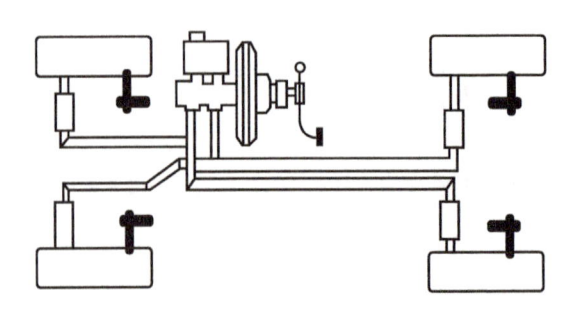　　　图 5-3-3　四通道控制 X 型 ABS

2. 三通道 ABS

三通道 ABS，它可以对两前轮的制动压力进行单独控制，对两后轮的制动压力按低选原则一同控制，其布置形式如图 5-3-4 和图 5-3-5 所示。由于三通道 ABS 可同时控制两后轮，故对于后轮驱动的汽车可以在变速器或主减速器中只设置一个转速传感器来检测两后轮的平均转速。

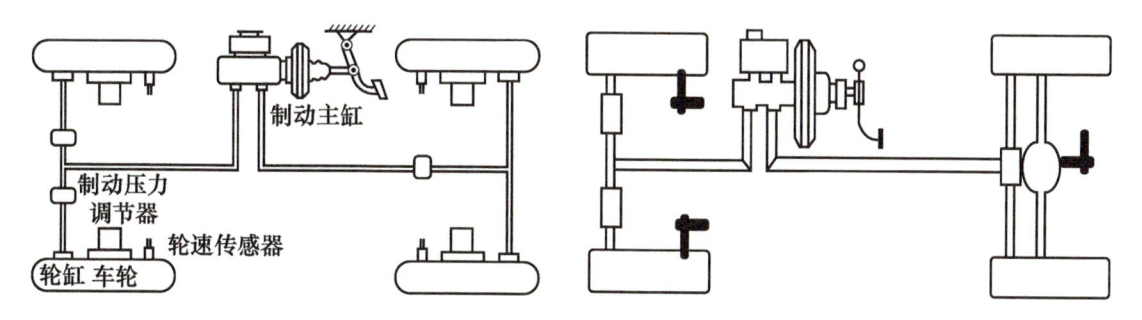

图 5-3-4　四传感器三通道控制 ABS　　图 5-3-5　三传感器三通道控制 ABS

四、防抱死制动系统的工作过程

ABS 的工作过程包括常规制动、保压、减压、增压、退出制动 5 个过程。

1. 常规制动过程

在常规制动过程中，ABS 不工作，电磁线圈中无电流通过，电磁阀柱塞在回位弹簧的作用下处于"下端"位置，如图 5-3-6 所示。此时制动主缸与轮缸相通，从制动主缸流来的制动液直接进入轮缸，轮缸压力随主缸压力的升高而升高。

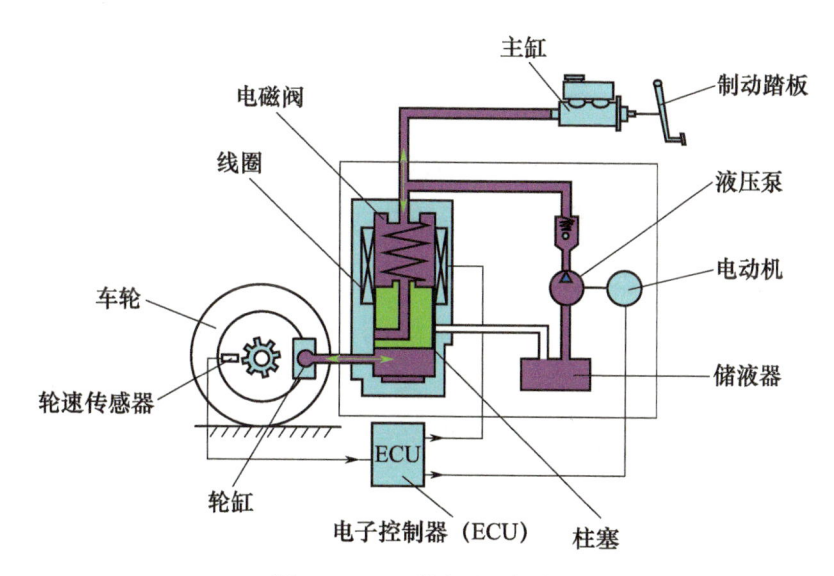

图 5-3-6　常规制动过程

2. 保压过程

如果驾驶人踩制动踏板过重，会造成制动器制动力大于车轮与路面之间的附着力，使汽车制动减速度增大。这时，轮速传感器把车轮将抱死的信号传给ECU，ECU控制ABS处于触发状态，使制动轮缸的制动压力进入保压状态。ECU向电磁线圈输入一个较小的电流，电磁线圈产生较小的电磁力，使柱塞处于"中间"位置，如图5-3-7所示。此时，制动主缸、制动轮缸和回油孔相互隔离，轮缸保持一定的制动压力。

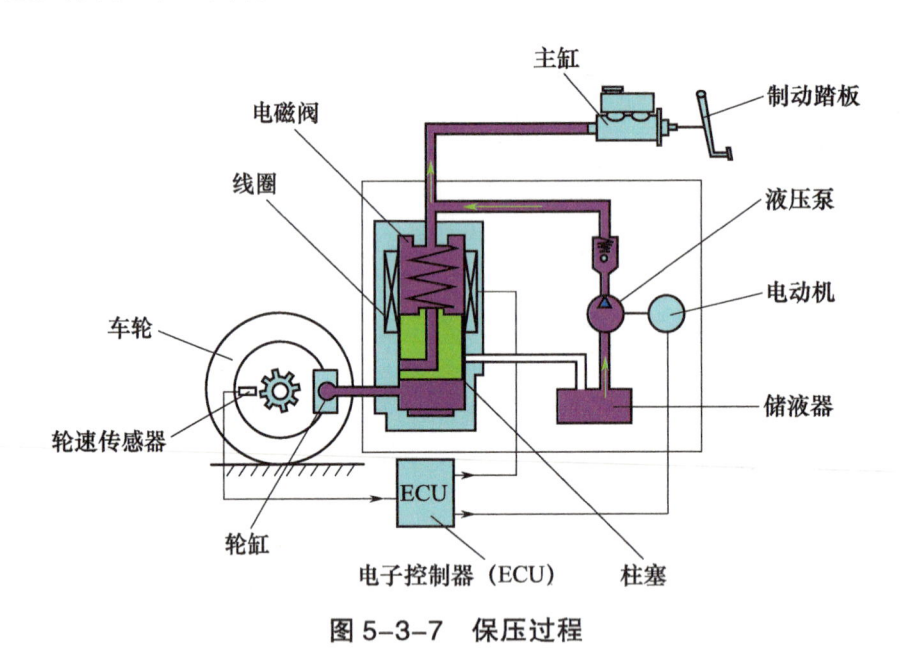

图 5-3-7 保压过程

3. 减压过程

制动轮缸内制动压力被隔绝后，车轮滑移率逐步增加，当将超出ABS工作范围（滑移率一般在8%~35%之间）时，需降低轮缸内的压力，使车轮滑移率减小。降低轮缸内的压力是通过制动轮缸中泄出一部分制动液到储液器来实现。ECU向电磁线圈输入最大电流，电磁线圈产生更大电磁力，使柱塞处于"上端"位置，如图5-3-8所示。此时，电磁阀柱塞将轮缸与回油通道或储液器接通，轮缸中的制动液经电磁阀流入储液器，轮缸压力下降。与此同时，电动机启动，带动液压泵工作，将流回储液器的制动液输送回主缸，为下一个制动周期做准备。

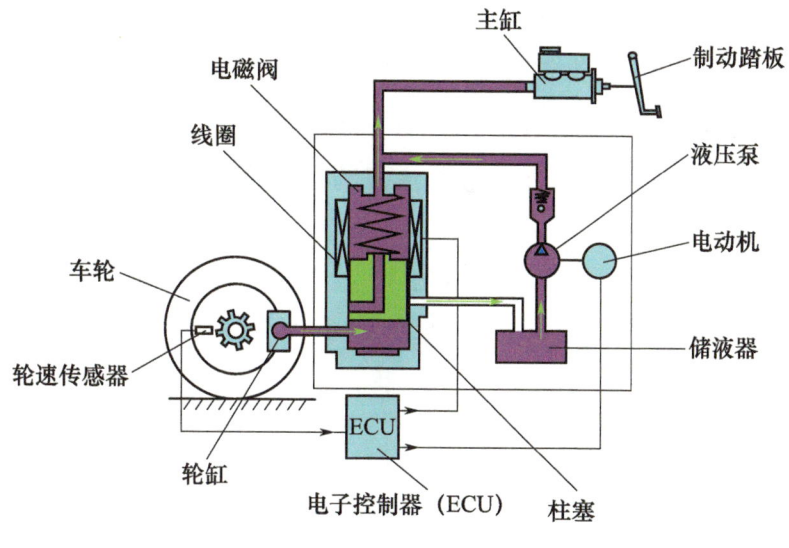

图 5-3-8 减压过程

4. 增压过程

减压状态使汽车制动力越来越小，车轮转速增加。当 ECU 检测到车轮转速增加太快时，便切断通往电磁阀的电流，使制动主缸与制动轮缸再次相通，制动主缸的高压制动液再次进入制动轮缸，如图 5-3-9 所示，制动力增加，汽车减速。

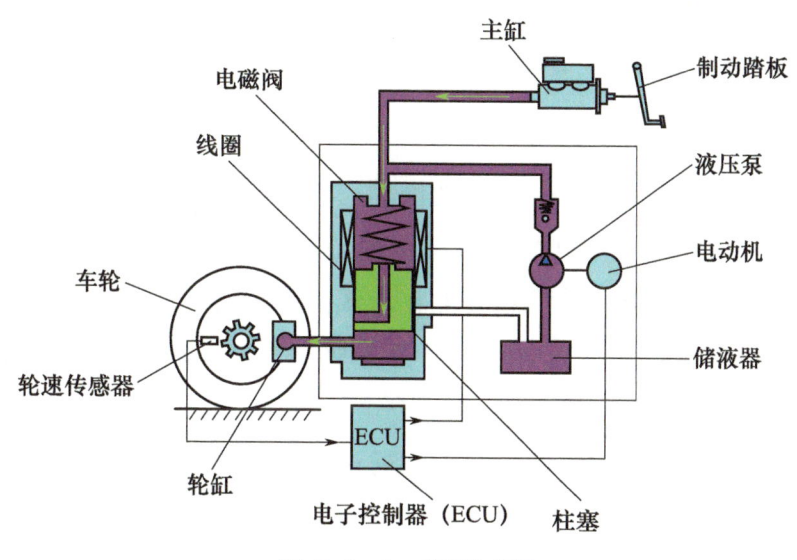

图 5-3-9 增压过程

5. 退出制动过程

当驾驶人放松制动踏板或减小制动踏板力，使制动主缸压力低于制动轮缸压力时，制动轮缸中的制动液通过阻断阀上的单向密封胶碗流回制动主缸。同时，电动机会继续运转，将储液器中的制动液抽回制动主缸。另外，当出现制动踏板开关断开或持续加压超过一定时间而不能使汽车车速减慢等故障时，系统退出 ABS 工作状态，阻断阀断电打开，制动器完全由驾驶人控制，常规制动系统开始起作用。

五、防抱死制动系统的检修注意事项

以 2018 款别克威朗轿车为例：

1）更换 ABS 泵总成前，应关闭点火开关、断开蓄电池负极电缆。

2）拆卸制动管接头时，应注意避免制动液溅到涂漆表面、电器插头、接线或电缆上。制动液会损坏涂漆表面以及导致电器部件腐蚀。如果制动液接触到涂漆表面，应立即用水冲洗接触部位。如果制动液接触到电器插头、接线或电缆，使用干净抹布擦除制动液。

3）拆卸制动管接头后，应使用抹布盖住制动管接头并堵住制动主缸出口和 ABS 泵总成出口，防止异物进入。

4）安装各个部件螺栓时，应使用扭力扳手进行紧固。

5）更换 ABS 泵总成后，需进行 ABS 泵总成编程以及 ABS 泵总成排气。

六、防抱死制动系统的检修

1. 轮速传感器的检修

1）目测检查轮速传感器安装有无松动；轮速传感器线束以及插接器有无松脱、裸露；轮速传感器头部和齿圈有无吸附磁性物质。

2）使用塞尺检查轮速传感器头部和齿圈之间间隙是否符合规定值，若不符合规定值，则检查车轮轴承轴向间隙是否正常，若有异常，则更换车轮轴承。

3）举升车辆至合适高度。

4）依次拆下车轮、轮罩衬板，拆卸转向节上轮速传感器固定螺栓，拆下轮速传感器，如图 5-3-10 所示。

5）拆下轮速传感器线束卡扣，断开轮速传感器插接器。

6）连接轮速传感器插接器，安装轮速传感器线束卡扣，如图 5-3-11 所示。

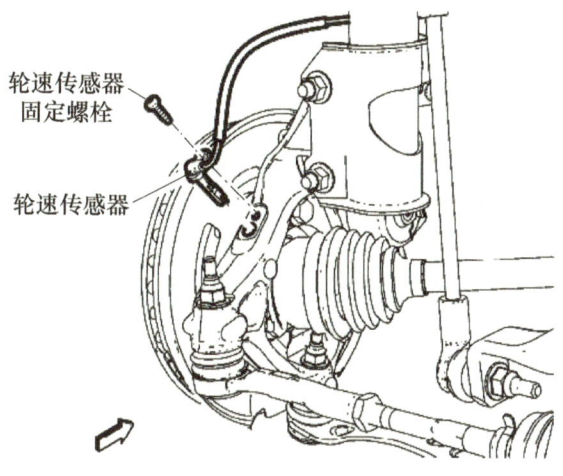

图 5-3-10 拆卸轮速传感器固定螺栓

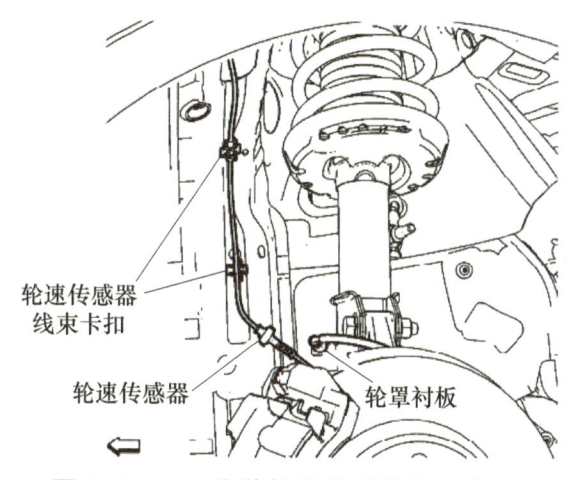

图 5-3-11 安装轮速传感器线束卡扣

7）安装轮速传感器至转向节上，安装轮速传感器固定螺栓并紧固至 6N·m。

8）安装轮罩衬板和车轮，降下车辆使轮胎与地面接触。

2. ABS 泵总成的更换

当 ABS 泵总成出现制动压力无法调节、漏油和控制单元损坏等情况时，应予拆旧换新。ABS 泵总成的更换方法如下。

（1）ABS 泵总成的拆卸

1）拆卸前围板上加长板开口盖，拆卸膨胀水箱托架卡扣，移动膨胀水箱至一旁，拆卸 ABS 泵总成与制动主缸之间制动管路，如图 5-3-12 所示。

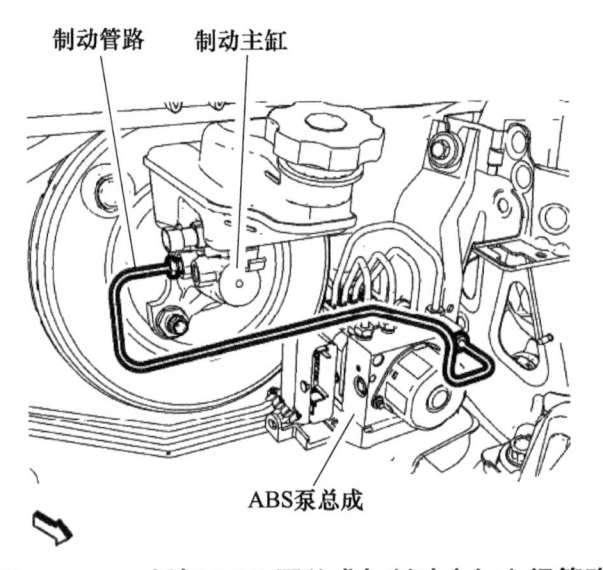

图 5-3-12 拆卸 ABS 泵总成与制动主缸之间管路

2）断开 ABS 泵总成电器插接器，拆卸 ABS 泵总成上 4 个制动管接头和总成与托架固定螺栓，拆下 ABS 泵总成。

（2）ABS 泵总成的安装

1）安装 ABS 泵总成至托架上，拧紧 ABS 泵总成固定螺栓至 22N·m。

2）安装 4 个制动管接头至 ABS 泵总成上，如图 5-3-13 所示。紧固 4 个制动管接头至 20N·m。

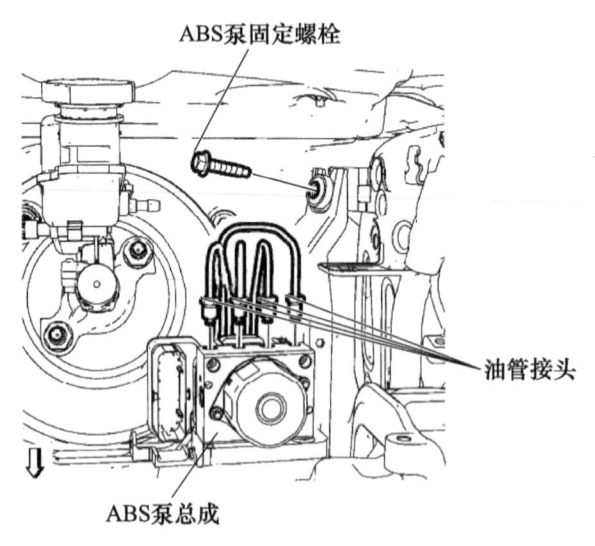

图 5-3-13 安装 4 个制动管接头至 ABS 泵总成上

3）连接 ABS 泵总成电器插接器，安装 ABS 泵总成与制动主缸之间的副管、主管并紧固至 20N·m。

4）安装膨胀水箱托架卡扣和前围板上加长板开口盖。

课程育人

我国对 ABS 的研究开始于 20 世纪 80 年代初，主要的研究单位有长春第一汽车技术中心、东风汽车工程研究院、交通部重庆公路研究所、山东重型汽车研究所、西安公路交通大学、清华大学和万向集团等。1998 年，重庆聚能汽车技术有限公司在国内首家推出适合中国国情的系列电子式 ABS 防抱死装置，现已达到年产 50 万套的生产能力，是目前我国国内最大的 ABS 生产基地之一。如今，重庆聚能已发展成为集团化公司，旗下产业有易额科技、聚能 ABS 和聚能汽车技术。其中，聚能 ABS 成立于 1992 年，是全国最早研发生产汽车 ABS 的厂家之一，是目前西部最大的 ABS 生产商。同年成立的聚能汽车技术，主要研发汽车零部件、电子系统、互联网云科技导航、电动汽车制动系统、获得多项科技部国家级重点项目。

聚能集团始终坚持走研发战略，现如今他们除了给诸如上汽依维柯、上汽通用、昌河汽车、长安汽车等民用车厂家提供配套服务外，还是军方指定各式轮式装甲车的 ABS 供应商。

思考 在成为全国最大的 ABS 供应商后，聚能集团为什么还要参与汽车技术研发？

巩固提升

一、选择题

1. 防抱死制动系统简称（　　）。
   A. ABS　　　　　　B. SRS　　　　　　C. ASR　　　　　　D. EPS

2. 防抱死制动系统可使汽车制动过程中让车轮滑移率保持在（　　）左右。
   A. 10%　　　　　　B. 20%　　　　　　C. 30%　　　　　　D. 40%

3. 下列不属于ABS防抱死制动系统组成的是（　　）。
   A. 轮速传感器　　　　　　　　　　B. 制动压力调节器

C. 电子控制器（ECU） D. 感载比例阀

4. 下列不属于ABS系统按控制通道数目不同分类的是（　　）。

　　A. 六通道　　　　　B. 四通道　　　　　C. 三通道　　　D. 双通道

5. 检查轮速传感器头部和齿圈之间间隙是用（　　）工具。

　　A. 钢直尺　　　　　B. 塞尺　　　　　　C. 游标卡尺　　D. 千分尺

二、判断题

1. 轮速传感器的作用是检测车轮旋转速度。　　　　　　　　　　　　（　　）
2. 制动压力调节器的作用是调节制动轮缸压力。　　　　　　　　　　（　　）
3. 更换ABS泵总成后，需进行ABS泵总成编程以及ABS泵总成排气。

（　　）

4. 三通道ABS可以对两前轮制动压力进行同时控制。　　　　　　　（　　）
5. ABS工作过程包括常规制动、保压、减压、增压、退出制动5个过程。

（　　）